様式と
かたちから
建築を考える

五十嵐太郎・菅野裕子

平凡社

目次

3 | 歴史編 = 西洋の古典主義と装飾

4│図解編＝柱頭の解説

言語化して初めて見ることが可能になる

五十嵐太郎

　私たちは本当に建築を見ているのか、という疑問が、本書を刊行することになった大きな動機である。特に日本近代の洋風建築、あるいは様式建築だ。いや、当たり前に建築を見ているはずだと思われる人もいるだろう。しかし、近代建築の本やガイドを開いても、○○様式とラベルをはってすませているものが多い。残りの記述は、設計した建築家や施主のエピソードなどで埋められる。が、○○様式と機械的に分類して、デザインの説明は終わるものなのか？　様式はある特定の型を示すものだが、実際の建築は多くの偏差を伴う。またネットを閲覧すると、おそらく書いている人もあまり深く理解せずに、○○様式と解説している文章が少なくない。しかも、様式名を与えると、安心して、思考が停止してしまう。こうした状況に疑義を呈するべく、「装飾をひもとく：日本橋の建築・再発見」展（高島屋史料館TOKYO、2020-21年）を企画した。おそらく、日本橋界隈における近代建築のデザインをこれだけ詳細に分析した試みは、ほかにないと自負している。すなわち、記号として様式を片づけるのではなく、解像度を高めて、様式を構成する装飾的な細部を徹底的に記述すること。

　この展覧会は大きな反響があり、同名の書籍が青幻舎から刊行された。順番からいうと、本書はその続編になるのだが、実際は逆だった。もともと本書の企画の方が先に始まっており、その知見を、日本橋界隈を題材にしながら、途中で一部先行して披露したのが、「装飾をひもとく」展である。すなわち、本書こそが原点だ。そして理論編という役割をもつ。もともとゴシック様式やルネサンス様式といった言葉が、どのような経緯で誕生したかをあまり考えずに、日本の近代建築史における様式は語られてきた。が、西洋建築史の背景を知ると、簡単に○○様式という概念やデザインが成立したわけではないし、その定義が曖昧だったり、地域や設計者

によるばらつきが理解できる。本書では、両者を切り離して考えるのではなく、西洋建築史と日本の近代建築史を同じ土俵にのせることをめざした。その上で、改めて様式建築を評価し、思考すること。最初に残存する近代建築の悉皆調査に着手したときは、まずは急いで分類する必要があったはずだ。が、モノへの評価は次の段階に進むべきだろう。

　現在の建築家は、メディアで作品を発表する際、コンセプトの文章も書いているが、昔の建築家は必ずしもその意図をすべて言葉で説明しているわけではない。だからこそ、残されたかたちから、私たちが読みとる必要がある。また仮に細部のデザインを無意識に決定していたとしても、歴史的な文脈から、そのかたちがどういう位置づけになるかを論じることが可能だ。こうした作業を行うためには、対象を言葉によって描写しなければならない。なぜなら、言語化しないと、見ていても、その存在をきちんと意識できないからだ。例えば、アーチのてっぺんに入る台形の要石（キーストーン）。もともとは組積造の構法的な役割から生まれたかたちであり、しばしば古典主義の建築において認められる。この言葉とかたちを知っていると、実は記号化されて、現代の建築でもときどき使われていることに気づく。が、その知識がなければ、様式建築を前にしても、たぶんアーチの一部として見過ごし、かたちの微差にも無頓着になるだろう。つまり、建築では、言語化して初めて見ることが可能になる側面があるのだ。特に古典主義では、その傾向が強い。

　なぜなら、古典主義はそもそも言語的だからだ。いみじくも建築史家のジョン・サマーソンの名著『建築の古典的言語 (*The Classical Language of Architecture*)』（1953年／ただし、訳書は『古典主義建築の系譜』鈴木博之訳）が示したように、古典主義はしばしば言語になぞらえられる。単語はでたらめに並

べても意味が通じない。文法が必要である。古典主義において、オーダーとは、建築に秩序を与えるデザインのシステムであり、柱を中心とした立面の比例と装飾の体系だ。こうしたルールは、正統な「建築」を生成し、美を保証する。つまり、オーダーは建築の各要素をきちんと組み合わせるための文法にあたるものだ。その起源を遡ると、ギリシア時代の神殿にたどりつく。サマーソンの本は、細部のデザインを言語化しながら、古代から近世まで、アルベルティ、ミケランジェロ、クリストファー・レンらをとりあげ、同一モチーフのバリエーションを追跡するなど、古典主義の変容と解体をていねいにたどったものである。せっかく、こうした分析の手がかりがあるのに、残念ながら日本の様式建築ではほとんど応用されていない。しかし、古典主義は感覚的な鑑賞だけでは限界があり、一定の基礎知識や理論的な思考が求められる。

　サマーソンは、古典主義を建築におけるラテン語だと説明している。そしてラテン語を読みとれるように、古典主義を見たときに、デザインを解読できるようになることを目的として、『建築の古典的言語』を出版した。ゴシックの場合はどうか。ヴィクトル・ユゴーは、書物が大聖堂を殺したと述べているが、かつての大聖堂は、キリスト教を説明する絵画や彫刻をちりばめ、まさに大衆に聖書の教えを伝える役割をもっていた。建築と言葉の関係としては、アーウィン・パノフスキーの著作『ゴシック建築とスコラ学』（ちくま学芸文庫、2001年）も興味深い。中世後期の大聖堂と神学の思想体系が、同時代の産物であるがゆえに、共通の「精神習慣」をもつと考え、明瞭性の原理、和合の原理などを指摘した。「石と化したスコラ哲学」という言葉をただの比喩と片付けずに、論理的なレベルで考察しようと試みたものである。これはいささか深読みによる独特な建築の解釈だが、当時

の工匠の言葉はあまり残っていないことから、モノを徹底的に見て、考えることによって、パノフスキーが強烈な仮説を組み立てたことは注目に値するだろう。

　ともあれ、西洋建築の様式論を日本の近代建築史に接続することが、本書の目的である。これまで両者は、ばらばらに扱われ、同じ枠組で交差することがなかったからだ。

　その構成は以下の通り。第1部は、具体的な観察編として、横浜の事例を中心に日本近代の様式建築を詳細に分析する。各章は古典主義への異なる視点を提示しており、これらを習得して、応用すると、国内外の他の事例も読みとれるだろう。続く、インターミッションでは、日本橋の建築装飾を改めて振り返る。細部の違いが、大きな歴史とつながることなどが理解されるだろう。第2部は、近代から現代のポストモダンまでの事例をとりあげながら、建築を思考するための枠組として様式論を展開する。そして第3部の歴史編では、西洋の古典主義と装飾に関する論考を収録した。これを読んでいただくと、様式に対する記号的な認識を脱し、長い歴史のなかで構築されたことが共有できるだろう。最後に第4部として、日本国内の16の柱頭のディテールを詳解している。意外にもここまで古典主義の細部を言語化した本は海外でもほとんどないはずだ。

　本書を通じて、ぼんやりとしか見ていなかった、あるいはただの模倣だと蔑んでいた日本の様式建築から、設計者の創意を読みとり、見方が変われば、幸いである。またそうした汎用性のある目を獲得すれば、西洋やアジアを訪れたときにも、様式を確認して終わりではなく、古典主義の細部を考察しながら、楽しく鑑賞することができるようになるはずだ。

日本近代の様式建築をひもとく
〜横浜を中心に

観察編 1

1. シークエンスの中で読む古典主義建築のデザイン

日本銀行本店本館［辰野金吾設計 1896（明治29）年竣工］

　日本銀行本店本館（以下、日銀本店とする）[1] [2] は、明治を代表する近代建築であり、建築家辰野金吾の代表作とされている。ただ、辰野のもうひとつの代表作、中央停車場（東京駅）が多くの人に親しまれているのに対し、この日銀本店は近づきがたく感じられることもあるのではないだろうか。それは、ほかでもない日本銀行だからというだけでなく、この建築のデザインが醸し出す雰囲気によるところもあるだろう。日銀本店は本格的な古典主義様式によるものだが、この様式は一般的に親しみやすいというより格式張った印象を与えるものだ。その姿からは、ルーツである古代ギリシア神殿が連想されるので、不動の存在のようにも感じられるかもしれない。

　ところで、そもそも建築は動かないが、人間はその中を動いていく。そして建築は、人間がその中を進んでいくに従ってデザインの展開をみせていくものだ。この日銀本店では、正面玄関から入るにはいったん中庭を経由することになるが、この構成はこれまで日本銀行に求められる特殊な要件をかなえるものとして解釈されてきた。だが、古典主義のデザインに着目してみても、この日銀本店は巧みに組み立てられている。まず外観を見てから中庭へと入っていく中で、順に目に入るデザインは、次第に意味が解き明かされていくように姿をあらわすのである。

　ここから、正門から正面玄関に至る過程で、さまざまなデザインモチーフが立体的な建築として組み合わせられているさまを観察していきたい。

■コの字を閉じる構成

　まずこの建築全体の形を上から見てみよう。

　この建築の本体部分は、真上から見るとコの字形をしている [1]。その中心はドームのある北側の主屋で、その左右から翼部が張り出している。

［上］1——日本銀行本店本館。ドームのある主屋の両側から翼部が張り出し、さらに手前に壁のような低層棟（「正面障壁」）が建つことで中庭が形成されている。　図版提供：日本銀行貨幣博物館

［下］2——日本銀行本店本館。　南西から見たところ。　壁面のデザインは、1階部分は基壇としての石積みで、その上に古典主義オーダーの円柱のある層が載る2層構成。

一般にこういったコの字形の建築では、前面をそのまま外部に向かって開くことが多い。ところが、この建築ではさらにコの字の手前側に壁のような低層棟が建ち、前庭を閉じて中庭にするような形になっている。

コの字を閉じるような構成に関しては、日本銀行の建築として必要な2つの条件を、巧みに両立させるものだと指摘されてきた（藤森照信『日本の建築［明治大正昭和］3国家のデザイン』三省堂、1979年、136-137頁）。その2つの条件とは、すなわち、「金保有の中央金庫としての日銀」に不可欠な「防御性」と、「国家的記念碑」に求められる「外向性」である。この建築では、手前に立つ壁は高さが1階分しかないため、中庭は見えないけれど上にあるシンボリックなドームは見える、という状態になっている。それによって、「防御を固めるとともに、一方、ドームを頂きペディメントを張る記念碑的正面玄関部を隠し切ることなく外界に見せることに成功して」いるというわけである。

日銀本店以外でも、平面規模がある程度以上の建築では、中庭を設けることはめずらしくない。照明や空調設備が現代ほど整っていなかった時代には、中庭は採光や換気の上でも大きな役割を果たしていた。ただ、前面の棟だけを低くしたことは、この建築の特徴といえる。低層棟は、この建築の構成の鍵ともいえるものだが、これまで「正面障壁」と呼び慣らわされてきたので、ここでもそう呼んでいきたい。

■2層構成という共通性

今度はこの建築を横から見ていこう。この正面障壁は、表面の仕上げにも興味深いところがみられる。

まず先に、本体部分にあたるコの字形の壁から見ていくと、1階部分は基壇としての石積みで、その上に古典主義オーダーの円柱のある層が載っている [2] [3]。このような2層構成は、古典主義建築のオーソドックスなもので、フランスの宮殿建築にもよく見られた [解説1]。設計者の辰野は日

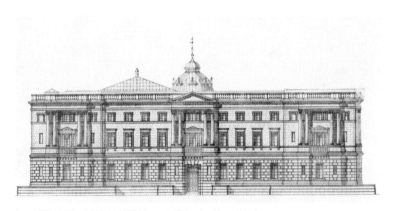

3——西側立面図。1階部分は基壇としての石積みでオーダーの柱はない。
図版出典:『辰野紀念 日本銀行建築譜』辰野紀念事業第二部編、墨彩堂、1928年　図版提供:日本銀行貨幣博物館

銀本店の設計に際し、ベルギー国立銀行を参照したことが知られているが、2層構成は2つの建築のもっともわかりやすい共通性でもある［解説2］。

　一方、手前に建っている正面障壁は、先にも述べたように、コの字形の本体より低い。その高さは、ちょうど本体の下層部分と同じ高さに揃っている。そして、壁面の仕上げは、石積みに付柱が重ねられている［4］。

　つまり、一見すると、この建築は下層部分はすべて同じ石積みのデザインに見えるのだが、南側の正面障壁にだけ付柱があるという、小さな違いがある。

4——低層棟(「正面障壁」)。左右の2つの入口(正門)は、古代ローマの凱旋門のように、上部が少し突出した輪郭を形成している。

■ 正面障壁と正門

では、いよいよ中に入っていきたいが、その前に正門の周囲を観察したい。この建築に入るには、まず正面障壁の正門をくぐり抜けて中庭に入らなければならない。正門は、南側の正面障壁の左右両脇にひとつずつある。正面障壁のデザインは、すでに述べたように石積みに付柱が重ねられるというものだが、その組み合わせは独特の厳かな雰囲気を生み出す。石積み仕上げはその建築を堅牢に見せ、さらにそこにオーダーの付柱が加わることで、その建築が格式の高いものであることを示している。「堅牢」であり、かつ「格式が高い」もののひとつに城塞があるが、この壁も城を守る城塞のように主屋の前に立ちはだかっている。

このような壁面のデザインからは、16世紀のセルリオによる建築書も思い起こされる。セルリオは、各種のオーダーと壁のさまざまな仕上げとを組み合わせることで、奇想や詩的な効果に富んだ姿をいくつも描き、それ

らはのちの建築家に大きな影響を与えた。その中の1枚、粗石のルスティ カ積みにトスカナ式の付柱が組み合わせられた図[6]は、日銀本店の正門 によく似ている[7]。どちらも、2本の柱と水平材によるフレームの内部に、 要石のあるアーチ構造が組み合わせられた単純な構成だ。ただし、セルリ オのこの図との違いは、日銀本店の正門では粗石のルスティカ積みではな く、より洗練された滑面仕上げとなっていること、そして、柱がトスカナ式 ではなく、柱台を備えたドリス式となっていることである。あとでわかるこ とだが、付柱がドリス式であり、しかも柱台を備えていることは、中庭と の関係で重要な意味を持っている。

　また、セルリオのこの図とのもうひとつの違いは、日銀本店の正門では、 上部にもう1段の低い壁面が立ち上がっていることだ。これによって、屋階 （アティック・ストーリー）と2段のコーニスを持つような輪郭が作られている。 このシルエットからは凱旋門が連想されるが、そのイメージはたしかに正 門にふさわしい。あらためて、正面障壁を少し離れたところから眺めてみ ると、左右に門がついた形となっていることがわかる[4]。

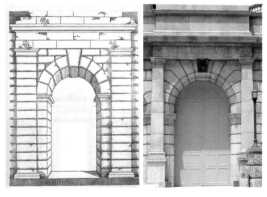

[左] 6——セルリオの建築書 に描かれたトスカナ式扉口。 粗石のルスティカ積みにトス カナ式の付柱を組み合わせ、 2本の柱と水平材によるフレームの内側に要石のあるアーチ構造が組み込まれている。 図版出典: S. Serlio, *L'Architettura*. Lib. IV, Venezia, 1537, repr., Polifilo, 2001, p. 12r.
[右] 7——日銀本店の正門。 柱は柱台を備えたドリス式付 柱で、エンタブレチュアにはトリグリフがみられる。上部が 屋階のように少し突出した輪 郭をもつ。

■ 調和で満たされる中庭

　城塞のような正面障壁を抜けると、奥には静かで明るい中庭空間が広がっている [8]。ここに入ると四方すべてが建築に囲まれ、外の世界は見えない。扉1枚抜けただけなのに、都市の喧噪も遠く感じられる。ただ、閉鎖的な空間でありながら、三方を囲む列柱は吹き放ちで開放感があるため、独特の内省的な雰囲気が漂う。この建築の中でも、特に印象的な場所のひとつだろう。

　さて、その場にいるだけで気持ちのよい空間だが、ここでは建築のオーダーも観察しておきたい。この三方を囲む回廊の円柱は、先ほど見た外壁の付柱と同じドリス式のものだ。正面障壁は内側にも同じ付柱があるので、中庭に立つと、四方をぐるりとドリス式の柱で囲まれる状態になる。

　ところで、ここに立つ円柱は、地上面から直接立ち上がっているわけではない。中庭の北側は正面玄関になっていて、前面に堂々とした段があるため、柱はその段の分だけ高い位置から立っている。そして、左右両側につながる回廊の円柱は、それに合わせるように同じ高さの柱台の上に載っている。その高さこそが、先にみた、正面障壁の柱台と同じものである。そのため、中庭で四方を囲むドリス式の円柱と付柱は、すべてがぴたりと同じ高さに揃って並ぶことになり、見事な調和をみせる [9]。

　正面障壁の存在は、中庭との関係でみると、じつに巧みだ。中庭は、手前に立つ正面障壁のため、外からは見えない。そのため、初めて訪れる人は、一歩なかに足を踏み入れたとき、そこに列柱の回廊が広がっていることに驚かされるかもしれない。だが、本当は、外からもその列柱と同じドリス式の柱が、壁面の付柱として見えていたのである。つまり、この正面障壁は、中庭を外界から隠しながら、同時に、その空間を暗示している。そして、両翼にない付柱が、正面障壁だけについているという、外観で気づかされた違いは、中庭に足を踏み入れた途端、円柱との調和へと転じるのである。中庭の空間は、その調和で満たされている。

［上］8——中庭、北西を見たところ。円柱は、右に見える正面側では7段上がった位置に立ち、左に見える回廊では柱台の上に載っている。

［下］9——中庭、南西を見たところ。回廊の円柱の柱台と、正面障壁の内側の付柱の柱台は、高さが一致している。

■ 正面ファサードの隠された構成

　さて、中庭に入ると、ようやくこの建築の本当の正面ファサードが目の前に現れる [10]。中心部分にペディメントのある堂々とした姿だ。正面玄関があるのは、中央の神殿正面のモチーフの部分だが、そこだけ少し手前に出ていて立体感がある。上部にはドームもあるが、中庭から見上げた角度ではほとんど視界に入らず、中庭から見たファサードでは神殿正面のモチーフだけが際立っている。

　建築のオーダーとしては、上層にはコリント式の柱が立っている。これは正門を入る前から正面障壁越しに見えていたし、日本橋川に面した西側ファサードにも同じものがあった。一方、下層は外側では切石積の壁だったが、中庭側のファサードでは一転してドリス式の円柱が並んでいる。いうまでもなく円柱の方がより正式なつくりなので、この前に立つと、いよいよ格式の高い場所に入ってきたことが実感できる。建築オーダーによるこういった演出は、訪れる人を少なからず高揚させるだろう。

　ところで、有名なローマのコロッセウムは、1階にドリス式、2階にイオニア式、3階にコリント式と古典主義の3つの主要オーダーをすべて用いた [11]。この構成は、そののち非常に多くの建築作品で模倣されている。一方、もし3つの中から2つだけを用いるとしたら、1階にドリス式、2階にイオニア式というものがもっとも一般的な組み合わせだ。そのため、日銀本店の正面ファサードで、ドリス式とコリント式が用いられているのに、イオニア式が見あたらないことは不自然にみえるかもしれない。

　しかし、よく観察すると、じつはここにはイオニア式を連想させるデザインが隠されている。それが、2階の窓だ。窓上部の水平材の端部を見ると、ふくらんだ形になっているが [12]、このような形はイオニア式のフリーズにしばしばみられるものである [13]。そのことに気づかされると、このファサードから、1階にドリス式、2階の窓にイオニア式を思わせるデザイン、一番高い位置にコリント式、という隠れた構成が見えてくる。立面そのもの

［上］10──中庭の正面ファサード。
中央の部分だけ手前に出ていて立
体感がある。上部のドームは中庭
からは視界に入らず、神殿正面の
モチーフが際立ってみえる。
［下］11──コロッセウム（ローマ、
紀元後1世紀）。1階にドリス式、2
階にイオニア式、3階にコリント式が
用いられる。この構成は、のちの多
くの建築作品で模倣された。

はコロッセウムとは違うが、下から、ドリス式、イオニア式、コリント式となっており、順番はコロッセウムと同じになっている。

　おもしろいのは、2階の窓のデザインは、中庭に入る前から、すでに外からもまったく同じものが見えていたということだ。だが、おそらくそのときは、ただ単に窓としてしか見えてこなかっただろう。そのデザインの意味は、中庭に入って、ドリス式とコリント式の円柱が目の前に揃って並ぶことで、浮かび上がるのである。まるで建築との対話の中で、種明かしをされていくようだ。

　ここで、ファサードをあらためて眺めてみよう。中央にペディメントを持つこの構成は、古典主義建築としては非常にオーソドックスなものだ。ただ、一般的な古典主義建築と比べると、全体的にすっきりと明るく感じられる。普通ならあるはずの細かい装飾が少なく、平らな面が多いからだ。そのことが特に目立つのは、レリーフがなく真っ白なペディメントである。また、

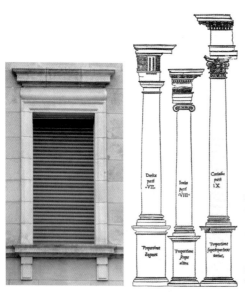

［左］**12**──2階窓。窓上部の水平材の端部が、直線でなくふくらんだ形（曲線）になっている。
［右］**13**──セルリオによるオーダーの図（部分）。イオニア式（中央）のフリーズの端部はふくらんだ形（曲線）に描かれている。
図版出典：S. Serlio, *L'Architettura.* Lib. IV, Venezia, 1537, repr., Polifilo, 2001, p. 6r.

コリント式の円柱の柱身も溝彫がなく、フリーズにもレリーフがなく空白のままにつくられている[解説3]。このように平滑な面が多いことから、明るく簡潔な印象を受ける。

解説2 | ベルギー国立銀行とイングランド銀行

　日銀本店の設計のため、辰野がヨーロッパを視察し、ベルギー国立銀行[14]やイングランド銀行[15]を参照したことが知られている。ここで、これらの建築との関連性についてみておきたい。

　ベルギー国立銀行とは、立面のデザインに多くの共通性を持っている。そのもっともわかりやすいものは、石積み仕上げの低層とオーダーの柱を持つ上層を組み合わせた2層の立面構成だが、さらにその上層にペディメントを持つ神殿のモチーフが組み合わせられ、それが左右両端に配されていること、そのペディメントが双柱（ペアコラム）に支えられていることも共通している。

14——ベルギー国立銀行（ブリュッセル）
図版出典：藤森照信『日本の建築［明治大正昭和］3国家のデザイン』三省堂、1979年、p. 131

15——イングランド銀行（ロンドン）
図版出典：John Soane Architetto, eds., Margaret Richardson & MaryAnne Stevens, Skira, 2000, p. 29

　また、この神殿のモチーフの内側に、もうひとつの小さなペディメントの窓を入れ子状に設けていることも同じだが、ベルギー国立銀行では、三角ペディメントの下では窓のペディメントの形を櫛形にし、さらに柱もカリアティッド（186ページ）として対比を見せていたのに対し、日銀本店では、窓のペディメントも同じ三角ではあるが、より簡素なドリス式の角柱を用い、さらに左右に1スパンずつ拡張した形式とすることで変化をつけている。

一方、イングランド銀行との類似点としては、1階外壁の仕上げや、中庭やトップライトを取り入れた内部空間が挙げられる。

　また、おそらく直接的な関係はないが、アイルランド国立図書館・博物館（T・N・ディーン、T・M・ディーン、1884）[16] は、多くの類似点が見られる興味深いものだ。日銀本店と同様の2層の構成で、さらに双柱に支えられたペディメントや左右に張り出す翼部、低層部の窓の形などが共通している。

16——アイルランド国立図書館・博物館（ダブリン）。日銀本店と同じ2層構成であるだけでなく、双柱とペディメントや左右に張り出す翼部など、多くの類似点が見られる。

図版出典：" National Library of Ireland, Dublin, Éire"
by w_lemay is licensed under CC0 1.0

■ コリント式柱頭の葉のモチーフ

　そういった印象は、コリント式柱頭のディテールからも感じられる [17]。植物装飾で飾られるコリント式柱頭は、古典主義の主要な3つのオーダーの中で、もっとも複雑で華やかな造形だ。一方、日銀本店の柱頭は、かなりすっきりした形にみえる。葉の形は写実的に作られず非常に単純化されているし、渦巻も縁がなく幾何学的な造形となっている。ただ、よく見ると葉の表面はまったく平らというわけではなく、中央脈と水平の葉脈によって、ほどよい陰影も生み出されている。この簡素な表現は、溝彫のない柱身や装飾のないペディメントやフリーズとも、ちょうどよく釣り合っている [10][解説3]。

解説3 | **フリーズの表現**
　エンタブレチュアのフリーズは、古代の木造の構造では梁に相当する部分である（[25]の囲み部分）。ドリス式では、梁端部の水切りの縦筋がかたどられるが、イオニア式とコリント式では、この層全体を覆った上で装飾を施した状態が表されているとみなすことができる。

歴史を遡ると、コリント式柱頭の形はじつにさまざまなものが作られてきた。もちろん、そもそも自然のアカンサスの葉を描いたとしても十人十通りの姿があるはずだとも言えるが、コリント式柱頭の場合はそこまでばらばらというわけでもない。実際には過去の優れた作例を参照して作られることが多かったので、数多く作られた多様な柱頭の形からは、ある程度ではあるが、相互の影響関係を推察することもできる。

　日銀本店でいえば、このように葉を平らに作った例は、ローマのコロッセウム [11] やフィレンツェのパラッツォ・ルチェッライといった有名な建築にもみられる [解説4]。辰野は1882（明治15）年から翌年にかけてローマとフィレンツェを訪れていたので、それらを旅先で実際に目にした可能性はあるし、その上で参考にしたかもしれない。とはいえ、それらと完全に同じ形というわけではないので、過去の例を参照したとしても、やはりこの建築のために特別にデザインされたものではある。興味深いことに、彼の手によるデッサンにも、これに似た葉の表現が何点か見られる。特に、『辰野金吾滞欧野帳』第3巻のコリント式柱頭の1枚は、素早い筆致による反り返った葉先の形が、日銀本店の柱頭のものとよく似ている [18]。

　こうしてみると、日銀本店のコリント式柱頭は単に建築全体と釣り合っているだけでなく、その造形からは、辰野が海外視察で目にしたものや、彼自身のデッサンのタッチといった、さまざまな像が重なりあって見えてくるようだ。

[左] 17——日銀本店のコリント式柱頭
[右] 18——『辰野金吾滞欧野帳』より（オルレアンの Maison de Diana の3階部分と思われる）。反り返った葉先の形が、日銀本店の柱頭のものと似ている。 図版出典：『辰野金吾滞欧野帳』第3巻（辰野家蔵、東京大学経済学図書館寄託）

解説4 | 日銀本店のコリント式柱頭の平らな葉のデザイン

コリント式柱頭の葉のモチーフはアカンサスとされているが、この日銀本店の柱頭のように、葉の形を写実的に作らず平らに単純化させる例は古代よりみられた。有名なところではローマのコロッセウムやフィレンツェのパラッツォ・ルチェッライにも見られ、ルネサンスの建築書にもそれに似たような姿はしばしば描かれていた。

ただし、日銀本店の柱頭は、道路から見上げると表面はほとんど平らに見えるが、実際には細かい装飾がある[19]。これに似た例としては、ロッジァ・ルチェッライ、パラッツォ・バルバラーノの中庭、サンタ・マリア・デッラ・パーチェ[20]の中庭などにも、浅い葉脈が彫られた例がみられるが、どれも斜め上方を向いていて、日銀本店のように水平のものはあまり見受けられない。さらに、これらのいずれよりも日銀本店のものは「立体的」であることから、その表現の目的は必ずしも「平ら」にすることではなかったのではないかと考えさせられる。

[上] 19──日銀本店のコリント式柱頭。葉は完全に平らではなく、中央脈が立体的にかたどられ、水平の葉脈が彫られている。
[下] 20──サンタ・マリア・デッラ・パーチェ（ローマ）の中庭の柱頭。斜め上方を向いた薄い葉脈が彫られている。

たとえば、施工上の難しさ等の理由による選択だった可能性はあるかもしれない。実際、日銀本店の施工における石の加工には困難が伴い、「辰野が原寸で引くギリシャ式のフリーハンド曲線を、正確に立体に移すことは至難であった」という記録が残されている（藤森、前掲書、135頁）。

■ ドリス式オーダーのエンタブレチュア

最後に、中央の神殿モチーフの低層部分を見ていこう。

この1階が正面玄関となっているが、前面にドリス式の円柱が並んでいる。ドリス式は、古典主義の3つのオーダーの中で最もシンプルなもので、柱頭のデザインをみても単純な形だ。直線と円弧だけで描けてしまうので、コリント式やイオニア式の柱頭と比べると、独自のデザインを挟み込む余地はあまりない。ただ、ここでは、柱頭ではなくその上に載るエンタブレチュアの方に、若干の特徴がみられる。本来ここにあるはずのトリグリフやその下のグッタエ［解説5］などの装飾が、ここには何もないのだ。そのため、真っ白な空白になっていて、すっきりとした姿に見える[8][10][21]。

もちろん、ドリス式オーダーでトリグリフやグッタエを省略すること自体は、決してめずらしいことではない。ただ、この建築では正面障壁には、円柱より簡素でいいはずの付柱にトリグリフが備わっていた[7][22]。にもかかわらず、この中庭では、より正式なつくりであるはずの円柱の上部にトリグリフやグッタエがないのだ。そのため、トリグリフの備わる正面障壁を抜けて中庭に入ったとき、このファサードのフリーズの空白からは「本来あるはずのものが欠如している」という印象を、より強く受けることになる。

［左］21──日銀本店中庭、正面玄関のドリス式オーダーのエンタブレチュア。フリーズにはトリグリフがない。
［右］22──正面障壁のドリス式オーダー付柱のエンタブレチュア。フリーズには薄いレリーフのようなトリグリフがみられる。その下のグッタエはひとつらなりの帯のように作られている（赤線で囲んだ部分）。

解説5 | 正面障壁のトリグリフとグッタエ

トリグリフとは、ドリス式オーダーのエンタブレチュアにある、縦：横が3：2の矩形の装飾であり、かつて木造建築だったときの梁端部の形状の名残と考えられる。グッタエとは、ラテン語で「滴、玉粒」を意味するが、一般的には、小さな三角形（もしくは三角錐）が6つ横に並ぶ形で作られる（292ページ）。

中庭側の正面ファサードのドリス式のフリーズにはトリグリフもグッタエもないが、正面障壁では、これらは三角形が一体化した帯のようになるという特異な形で作られている [22]。実は、グッタエをひとつらなりの帯にするという特異な表現は、『辰野金吾滞欧野帳』第3巻の、ヴェルサイユの庭園の門のスケッチ [23] にみられる。ただし、実際のこの建築のグッタエは標準的な形をしているので、スケッチでの表現はあくまでもディテールを省略したものだった。だが、コリント式柱頭の葉の表現と同様、辰野自身のスケッチに似た姿が描かれていることは興味深い。

23——『辰野金吾滞欧野帳』（ヴェルサイユの庭園の門）右上の拡大図をみると、[22] のようにグッタエが帯のように描かれている。
図版出典：『辰野金吾滞欧野帳』第3巻
（辰野家蔵、東京大学経済学図書館寄託）

■ フリーズに打たれたボルト

このように、この建築は正統的な古典主義様式でありながら、装飾的なディテールの多くが省略されている。中庭側の1階ではドリス式のトリグリフやグッタエがなかった。上層のコリント式オーダーでも、柱身には溝彫がなく、柱頭の葉も簡素な形に作り出されていた。フリーズやペディメントでも、レリーフの装飾を一切欠いている。こういった細部のつくりのために、古典主義建築でありながらも、非常にすっきりした姿となっているのだが、そこにはどのような意図があったのだろうか。

じつはこれだけ多くのものを欠いている一方で、古典主義建築としては必要のないものが、正面ファサードについている。それがエンタブレチュアにみられる小さな金属材だ[24]。このファサードでは中央の神殿モチーフの部分が少し手前に出ているが、両脇のカーブした壁を見上げると、トリグリフを欠いて空白となったフリーズとアーキトレーヴに、ボルトのような金属材が打たれているのが目に入る。近代的な材が、正面玄関という目立つ位置に使われていることは印象的だ。

24——中庭空間では下層にドリス式オーダーが用いられ、フリーズにはトリグリフがないが、北側中央の正面玄関周囲だけは、フリーズとアーキトレーヴに金属材が打たれている。

ここで興味深いのは、この金属材の向きが水平方向であることだ。というのも、フリーズ部分に本来あるはずだったトリグリフもまた、水平材の名残と考えられているからだ[25]。もちろん、それは石造の古代ギリシア神殿よりさらに前世代の木造の形状であり、今となっては機能上の意味はなにもない。一方、この金属材は、たった今も部材を固定する役割を果たしている。そのため、空白のフリーズに打たれたこの金属材は、太古の工法を新たに近代の材に置き換えたものにもみえてくる。そう考えると、この空白とは、単に装飾が省略されたのではなく、太古の痕跡が消去された姿としてみることもできるかもしれない。

■ 日本における最初期の古典主義建築の到達点

　日銀本店は、日本近代を代表する建築としてすでに名高いが、古典主義様式としても魅力に富んだ作品である。ここでは正門から入って正面玄関の前に至るまでを見ただけだが、進んでいくに従って、デザインの意味が順に解き明かされるかのような体験の中で、建築の意匠を鑑賞することができる。

25——ジョン・ソーンにより、英国ロイヤルアカデミーのために描かれた図（白点線は筆者加筆）。
図版出典：*John Soane Architetto*, eds., Margaret Richardson & MaryAnne Stevens, Skira, 2000, p. 119

コの字形平面の前面を壁によって閉じるという構成は、防御上の理由による解決策だったかもしれないが、その結果として、この建築でもっとも美しい空間のひとつといってよい中庭ができあがった。正門を抜けると、外界から閉ざされた静かな空間が広がっている。ここで、中庭を外から隠しつつも暗示するという、正面障壁の美しい仕掛けに気づかされると、中へ入っていく体験はいっそう印象深くなるはずだ。外観において正面障壁のみにドリス式付柱があるという違いは、中庭に足を踏み入れた途端、ドリス式円柱との調和へと転じる。この調和によってもたらされる感覚は、音楽の和声進行において協和音へと転じるカタルシスにもたとえられるかもしれない。その建築体験は、古典主義様式ならではのものだ。

　また、全体から感じられる簡潔な表現は、細部にまで一貫している。レリーフのないペディメントやフリーズ、溝彫のない柱身、そして簡素な葉の表現によるオリジナルのコリント式柱頭。これらすべてによって、簡潔でありながら、均整のとれた精緻な印象の外観が成立している。もちろん、これらの簡素な表現には、実際には、当時の技術的な事情によるところもあったかもしれない。とはいえ、そのとき同時に、その条件さえも表現としてしまおうという企みがなかったということにはならないだろう。

　建築の古典主義様式とは、厳密な規則を持つが、同時に自由な創意を加えうるものであり、だからこそ、そこには解釈の余地も生まれる。日銀本店は、この様式のそういった魅力をも十分に持ちあわせることで、日本人による最初期の古典主義建築のひとつの到達点をみせているのである。

2. 序列のあるデザイン要素

旧横浜正金銀行本店本館 (神奈川県立歴史博物館) [妻木頼黄設計 1904 (明治37)年竣工]

　横浜に数ある近代建築の中でも、旧横浜正金銀行本店本館 (以下、横浜正金銀行とする) [1] は別格の存在といえる。外観は装飾という装飾で覆い尽くされていて、目の前に立つと圧倒されそうなほどだ。正面玄関を見上げるだけでも、ドーム、古代神殿のペディメント、オーダーといった古典主義様式のモチーフが次々と目に入ってくる。それというのも、この建築ではたった1棟の中に、古典主義の歴史の中で生み出されたデザインがいくつも重ね合わせられているのだ。しかも、ただ単に数多くあるというだけではない。この建築では、それらのデザインモチーフの配置に、ある一定の秩序もみられるのである。

　古典主義建築のデザインは古代ギリシア神殿がルーツであり、さまざまな種類のデザインモチーフは、その形が生まれた歴史やそれに伴う意味を担っている。たとえば、ペディメントには単純な三角形のほかにも、いくつかのバリエーションがあり、しばしば対比的に用いられるが、もともとは神殿の屋根の形をモチーフとして生まれたものだ。また、古典主義建築のシンボルともいえるドリス式、イオニア式、コリント式といったオーダーは、特にルネサンス以降には序列関係の中に捉えられることが多い。このように、古典主義建築の多様なデザインにはそれぞれ意味があり、また相互に関係を持っているが、この建築の外観では、そういったデザインモチーフの数々が3つの通りに及ぶ立面に広がりながら全体に展開している。本章では、それらのモチーフの構成を読み解きながら観察していきたい。

■明治横浜のランドマーク

　1904 (明治37) 年に建てられたこの建築は、現在横浜に残されている近代建築の中でも、もっとも古いもののひとつである。古い写真を見ると、

1——旧横浜正金銀行本店本館。 正面玄関側のファサード。 写真左手が馬車道で右手が南仲通り。 交差点に面した東側が隅切りされ、正面玄関を開いている。

建てられた当時は、周囲の建築のほとんどは木造2階建てだった[2]。その風景の中では、この建築の列柱やドーム[解説1]は、ひときわ目立っていたはずだ。周りの建築が現在より低かった当時、このドームはかなり遠くからもよく見え、横浜の町のランドマークだっただろう。

2——明治期の馬車道。2階建ての木造建築が建ち並び、その奥に横浜正金銀行の姿がみえる。
図版出典:『100年前の横浜・神奈川:絵葉書でみる風景』横浜開港資料館編、有隣堂、1999年、p. 71

解説1 | ドーム

　横浜正金銀行のドームは、リブを持つ八角形で、頂部にランタンを載せる[3]。この形でまず思い起こされるのは、ブルネレスキによるフィレンツェ大聖堂[4]だが、横浜正金銀行のドームは、正八角形ではなく長辺と短辺が交互に並んでいて、一見すると六角形のようにも見える。また、横浜正金銀行のドームのもうひとつの特徴は、大きな円窓である。これほど大きな窓が屋根面に開けられることは、イタリアルネサンスのドームでは見られず、バロック後期の例で、たとえばウィーンのカールス教会には、比較的大きい窓が開けられている。ただし、横浜正金銀行のドームは、その下に大空間があるのではなく、その窓は光をとり入れるためのものではない。ドームはもっぱら外から眺めるための存在だった。

[左]3——横浜正金銀行のドーム
[右]4——フィレンツェ大聖堂のドーム(フィレンツェ)

このドームがあるのは、ちょうど馬車道と南仲通りが交差する角にあたる。この建築は、さらに弁天通りにも面しているので、つまり、この建築のファサードはこれら3つの通りにある。ただし、正面ファサードは、それら3つのいずれでもない。馬車道と南仲通りの角が斜めに切断され、その第4の面に正面玄関が設けられているのである。このように、矩形の建築の角を切ることを「隅切り」と言い、これ自体はめずらしくないが、その面に正面玄関を設けることはそれほど多くない。正面玄関をこの位置に設けた理由は、建築の規模に対して、3つの前面道路がどれも十分な幅を持っていなかったこともあっただろう。正面玄関を交差点に向けるというこの構成のおかげで、馬車道から近づいても南仲通りから近づいても、印象的な正面ファサードがよく見える。

玄関に近づいて奥をのぞき込むと、赤い絨毯の敷かれた階段が高いところまで続いている。お菓子のフォンダンショコラは、外側のスポンジケーキを切ると中から軟らかいチョコレートが流れ出てくるが、この正面ファサードの階段も、強固な殻の角が切断されて内部の空間が外に流れ出てきているようだ。竣工当初は、この階段を上がっていった先には、近代的な大空間が広がっていた [5]。吹き抜けでトップライトもあったという営業室は、

5——竣工当時の営業室。吹き抜けでトップライトがあり、広々とした明るい空間だったことが窺われる。左手奥に正面玄関に続く出入口がみえる。図版出典：『横浜正金銀行建築要覧』横浜正金銀行編、1904年

当時の人には実に斬新な空間として感じられただろう。残念ながら、その空間は関東大震災で失われてしまい、もう見ることはできないが、幸いなことに、重厚な外観は今でもほぼ当初のままの姿を見せている。ここからその姿をじっくりと見ていくこととしよう。

■ 入れ子になった神殿のモチーフ

　まず、正面玄関の前に立ってみよう。正面ファサードは、大きな三角形のペディメント［解説2］が左右の柱によって支えられた形で、これは先述の古代神殿の形をモチーフとしたものだ[6]。ペディメントの内側はレリーフで華やかに飾られ、それを左右に2本ずつあるコリント式の柱が支えている。柱は柱身の下1/3に溝彫［解説3］を持ち、柱の足元には柱台がおかれている。

　ここにみられるような、ペディメントと柱による神殿のモチーフは、最も古典主義様式らしいデザインといっていいものだが、この建築では、さらにもうひとつの特徴がある。それは、丸みを帯びた櫛形ペディメントとオーダーの柱が、2階の窓にあることだ[7]。つまり、ここではこの神殿正面のモチーフ自体が入れ子になっているのである。

　入れ子になった大小2つの神殿正面のモチーフを見比べてみると、その形はまったく同じではなく、小さい方はペディメントを支える柱より左右に拡張された姿となっているが、さらに細部にも違いがある。ペディメントの形は、大きい方では三角形だったが、小さい方の2階窓［解説4］では丸い櫛形となり、しかも底辺が途切れたブロークン・ペディメントという形で大きな要石［解説5］が刺さっている。ペディメントを支える柱は、大きい方ではコリント式だが、小さい方の2階窓ではイオニア式だ［解説6］。このように、どちらも基本的な構成は同じ神殿モチーフだが、細部の意匠は少しずつ置き換えられていることがわかる。

7——正面ファサードの2階窓。ペディメントは櫛形のブロークン・ペディメントで、大きな要石が刺さる。4本の柱は、柱台を備えるイオニア式付柱。

6——正面ファサードの神殿正面モチーフ。大きな三角形のペディメントは内側をレリーフで華やかに飾られ、そのペディメントを左右に2本ずつあるコリント式の柱が支えている。柱は柱身の下1/3に溝彫を持ち、柱の足元には柱台が置かれている。柱台を含めた柱全体は、粗石積の基壇に支えられている。

解説2 | **ペディメントとそのバリエーション**

　ペディメントは、もともとは古代ギリシアや古代ローマの神殿の屋根に由来した形 [8] で、ルネサンス以降に、古代を連想させるデザインモチーフとして、キリスト教の教会堂や世俗建築に用いられるようになった [9][10]。特にパラーディオがこのモチーフを取り入れた数多くのヴィラを設計すると、その影響は広範囲に広がった [11]。

　この横浜正金銀行の正面の2階窓にみられるような櫛形のペディメント [7] は、しばしば三角形と対比的に使用されるが、有名な例としては、ローマのパンテオンの内部にこれら2種が交互に並べられているのをみることができる [12]。また、16世紀にミケランジェロは、フィレンツェのラウレンツィアーナ図書館階段室の壁面で、この2種を同列に並べるとともに [13]、閲覧室側の扉口上部では櫛形の中に三角形を組み込んだように見える不思議な形を作り出した [14]。このようなペディメント自体の中にペディメントが組み合わせられた意匠はバロック建築にしばしばみられる。ただし、一般的にはこの三角形と櫛形がひと

8——ポセイドン神殿（パエストゥム）

つの建築に使われるときは、先に見たパンテオンの内部のように、同じ大きさのものを並列にするか、あるいは大きさが異なる場合は、この横浜正金銀行のように三角形の方が主で櫛形の方が従とされることが多い。一方、櫛形ペディメントを中心的に用いる例は、どちらかというと少ないが、たとえば、パリのガルニエ宮（オペラ座）[15]や奈良国立博物館[16]にみられる。

　この横浜正金銀行では、側面にも大きな三角形ペディメントがみられるが、その底辺を見ると段差ができていて中央が後退している。このような形はブロークン・ペディメントと呼ばれるもので、正面玄関側では2階窓の櫛形ペディメントにみられる。

[左] 9——サンタ・マリア・ノヴェッラ聖堂（フィレンツェ）
[右] 10——ヴィラ・メディチ（ポッジョ・ア・カイアーノ）

[左] 11——ラ・ロトンダ（ヴィチェンツァ）
[下] 12——パンテオン（ローマ）。内部の1層目では、三角形と櫛形のペディメントが対比的に並べられる。

［左］**13**──ラウレンツィアーナ図書館階段室。 壁面2層部分には、
三角形と櫛形のペディメントが交互に並ぶ。
［右］**14**──ラウレンツィアーナ図書館の閲覧室の入口。 櫛形ペディ
メントの内部に三角形ペディメントが嵌め込まれている。

［上］**15**──ガルニエ宮（パリ）。 2
つの櫛形ペディメントがみられる。
［下］**16**──奈良国立博物館正面ファ
サード。 櫛形ペディメントは中央に、
三角形ペディメントは両翼の窓に用い
られる。

序列のあるデザイン要素 | 039

解説3 | 溝彫（フルーティング）

　一般的に、コリント式の柱身には縦の溝彫が施される。ただし、付柱では下の方だけ溝が彫り残されることがあり [17] [18]、たとえば、イタリア・ルネサンスの建築家アルベルティは、下の方は物が当たって傷ついたり欠けてしまったりする恐れがあるため、溝を彫り残す（綱型にする）ことであらかじめ補強しておくほうがよい旨、『建築論』で述べている。

　一方、横浜正金銀行のこの柱身は、一見それに似ているが、よく見るとそれとは凹凸が逆になっている [19] [20]。つまり、ここでは逆に、下の方だけに溝を彫っているので、実際的な意味ではナンセンスだ。もちろん、間違えたわけではなく、デザイン上の一種の遊びといえる（この位置なら、物が当たることもないだろう）。

　ただ、ここでは、そういった意味上の遊び以上に、壁面全体のデザインの中で見ることの方が重要だろう。つまり、正面玄関の壁面は1階と2階とで仕上げが異なるが、この溝の高さはちょうどその境目に一致している [6] [24]。この建築は装飾が豊富だが、こういった工夫により、それぞれの要素がばらばらになることなく全体としての一体性が保てるように構成されている。

[左] **17**——パッツィ家礼拝堂（フィレンツェ）の付柱。柱身の溝彫は、下部だけは彫り込まれていない。
[右] **18**——パッツィ家礼拝堂の付柱

[左] **19**——横浜正金銀行のコリント式大オーダーの柱身。下部だけに溝彫がある。
[右] **20**——横浜正金銀行のコリント式大オーダーの柱身

　この窓周りの4本の柱は同一線上に並んでいるのではなく、よく見ると、中央の2本はわずかに手前に出ている[7]。そのことは、柱の下にある柱台を見るとわかりやすく、両端左右の2本は、背後の連続した矩形のブロックに支えられているのに対して、中央の2本はそこからわずかに手前に出ていて、その部分では下のブロックが柱台の形を作っている。また、柱頭の上のエンタブレチュアも同様に、中央の2本の上部は、それぞれプロフィールをかたどりながら手前に出ている。その凹凸はわずかだが、それによって、この窓全体は奥行きのあるひとつの小建築のように表現されている。

　ところで、この窓はそれを支える持ち送り[21]も、非常にユニークなもので、ドリス式オーダーのトリグリフがアレンジされた形になっている。トリグリフは通常は、縦に2本の溝が彫られるが[29]、横浜正金銀行のこの持ち送りを見ると、正面には2本ではなく3本の溝が彫られ、側面は丸く渦のように巻かれている点がユニークだ。下には3つの小さな突起があるが、これがグッタエをアレンジした形であることは、この形が矩形でなく、わずかに下が広がっていることからもわかる[22]。

21——正面玄関の2階窓を見上げたところ。トリグリフをアレンジされた5つの持ち送りで支えられている。

22——正面玄関の2階窓の持ち送り。[29]と比較すると、トリグリフのような縦筋と、レグラやグッタエのような形に作られていることがわかる。

　要石（キーストーン）とは本来はアーチの頂点におかれる石だが、しばしばその本来の目的とは別に装飾的モチーフとして用いられる。ここでも、アーチではなく2階窓のイオニア式オーダーの水平材（エンタブレチュア）全体に切り込むように刺さり、それによって、上部の櫛形ペディメントは、底辺が途切れた形となっている [7]。ただ、この要石は大きすぎて、イオニア式オーダーやエンタブレチュアの調和の中に強引に割り込んでいるようにも見える。

　このファサード全体は、コリント式の大オーダーに支えられる大きな三角形ペディメントで輪郭づけられているが、要石はむしろそのスケールで見ると釣り合いが取れている。正面ファサードは、コリント式大オーダーによる大きなスケールと、その中のひとつのデザインモチーフとしての窓という、大小の二重のスケールが入れ子になっているが、要石は、窓周りの装飾であると同時に、全体とのスケールにつなぐ役割を果たしているといえよう。

　横浜正金銀行の2階窓 [7] のイオニア式柱頭（261ページ）には、次のような特徴がみられる。渦巻の中心の円が大きめにデフォルメされ、エキヌスの卵鏃文様（らんぞく）も卵というより球に近いほど丸みを帯びている。また、一般には植物装飾は卵鏃文様の上に覆い被さるが、この柱頭では重ねられずに上部に持ち上げることによって、卵鏃文様は大きく渦巻の幅いっぱいに広げられた。これらの工夫によって、小さいながらも地上に立つ人の目からもはっきりと見える姿になっている。なお、イオニア式オーダーのフリーズは、しばしばふくらんだ形に作られたが、ここにもその姿がみられる。

■ 正面ファサードのバリエーションとしての側面

　さて、ここから話は少し複雑になる。すでにみたように、この建築は3つの通りに面しているが [23]、その3つのファサードにも、この正面のものに類似した神殿モチーフの構成がある[24]。それら3つはどれも同じ形だ。そして、この3つの面にも、入れ子になった大小2つの神殿モチーフがあるのだが、それらも正面と同様に細部の意匠は少しずつ置き換えられている。さらに、それと同時に、その全体が正面ファサードのバリエーションという

23──馬車道側のファサード。南端（写真の左端）に正面玄関側のものに類似したペディメントの構成がある。同じ形は、弁天通り、南仲通り側にもある。

[左]6──正面ファサードの神殿正面モチーフ

[中]24──馬車道側の神殿正面のモチーフ。正面玄関側[6]の構成に似ているが、大きなペディメントはレリーフのないブロークン・ペディメント。2階窓のペディメントは（櫛形ではなく）三角形、2階窓の柱は（イオニア式ではなく）ドリス式付柱で、（柱台ではなく）持ち送りで支えられている。弁天通り、南仲通り側も同じ。

[右]25──馬車道側のファサードの列柱部分の1スパン。2階に小さな三角形ペディメントの窓がある。ドリス式付柱は持ち送りによって支えられている。

関係にもなっているのである。

　どういうことか、いくつか具体的にみていこう。たとえば馬車道側、弁天通り側、南仲通り側では大きなペディメントはレリーフのないブロークン・ペディメントで、同じ面の2階窓のペディメントは単純な三角形で作られている。これは、この同一の面でみると、正面で見たように、大小2つの神殿モチーフでブロークン・ペディメントと単純なペディメントという対比をなしているわけだが、同時にこれらは、正面ファサードのバリエーションという関係にもなっている。というのも、大きなペディメントの方は正面で見られたレリーフで飾られた三角形との、また、小さい方は櫛形のブロークン・ペディメントだった正面の窓との、対比関係としても成立しているからだ。あるいは、柱をみていくと、大きいペディメントを支えるのはどちらもコリント式だが、2階窓の方は、正面側がイオニア式で、馬車道側ではドリス式になっている。こちらも、オーダーの序列関係に従って、コリント式からイオニア式へ、あるいはコリント式からドリス式へと段階的に置き換えられることで、それぞれの大小2つの神殿モチーフを比較しても、また、2種類の全体における比較としても対比関係が成立している。かなり複雑な操作だが、一つ一つ順に確認していくと、その配置関係は古典主義建築の秩序にもとづいたものであることがみてとれる。

■ 正面から全体へ広がる展開

　大きいペディメントを持つ構成は、これら4つですべてだ（隅切りされた正面ファサードにひとつ、馬車道・弁天通り・南仲通りにそれぞれひとつで、計4つ）。残りの壁面ではコリント式大オーダーの柱が立ち並んでいる。しかし、その壁面もここまでの話とまったく無関係というわけではない。並び立つ柱と柱の間の2階を見ると、ここにも小さな三角形ペディメントの窓がある[25]。その窓の両側にはドリス式の柱が立ち、その足元は、柱台の代わりに持ち送り[解説7]によって支えられている。つまり、これらの柱間一つ一つの面も、

大きな神殿正面のモチーフがあった面をさらに簡略化したものとみることができるのだ。

あらためて正面ファサードをみてみよう。ここには重要なモチーフがひととおり揃っていることがわかるだろう。大きな三角形のペディメント、コリント式大オーダー、櫛形ペディメントを戴いた2階の窓といったデザインモチーフは、細部を少しずつ置き換えられ、変形されながら、建築全体に展開されている。そのあり方は、冒頭で提示された旋律のモチーフが華麗な展開をくりひろげる変奏曲を思わせる。この建築において、正面ファサードで提示されたデザインモチーフは、建築の全体へと広がりながら、一定の秩序にもとづいて展開しているのである。

■ 多様なモチーフの配置

ところで、ここでみたような入れ子になった神殿モチーフは、第1章であ

解説7 │ 窓の持ち送り

この形は、もともとはコリント式オーダーのエンタブレチュアや、イオニア式の扉口などでみられたものだが、16世紀にフィレンツェのメディチ＝リッカルディ宮の窓(1-5 [14])でミケランジェロが用いたことをきっかけに、数多くのバリエーションが生みだされた。横浜では、旧安田銀行横浜支店の窓で、ユニークな姿を見ることができる(1-5 [4])。この横浜正金銀行の2階の窓では、持ち送りのふくらみ部分に円形の装飾がつけられた形となっている[26]。

26──側面の2階窓。持ち送りによって支えられている。

つかった日銀本店にも見られていた。この2つの銀行建築は、辰野金吾と妻木頼黄という明治を代表する建築家二人にとって、それぞれの代表作にあたるものだが、興味深いことに多くの共通点も見られる。そのひとつが、ここで見てきた立面における神殿モチーフの扱いだ。日銀本店にも、大きなペディメントのある面の2階に小さいペディメントを戴いた窓があり、しかもその窓の形も横浜正金銀行のものと非常によく似ている（1-1［2］と本章［6］を比較）。妻木が横浜正金銀行設計の依頼を受けた1898（明治31）年は、日銀本店が竣工した2年後だったから、もちろん妻木はその目で見た上で、そのデザインを引用したのだろう。さらに元を辿ると、このように神殿モチーフを入れ子にした構成は、辰野が日銀本店設計の際に参照したというベルギー国立銀行（1-1［14］）にもみられていたものだった。

　だが、横浜正金銀行には、それらと共通しながらも、異なる点がある。それが、同じ構成のバリエーションを展開するという方法である。横浜正金銀行では、入れ子になった神殿モチーフは大小2つでモチーフが置き換えられた関係にあり、同時にそれら全体も正面側と側面側とで対比をなしていた。こういった込み入った操作は、日銀本店やベルギー国立銀行にはみられない。多様なモチーフの配置が一定の秩序にもとづいていることは、外観に、単に重厚というだけでない理知的な性格をもたらしている。この建築における、3つの通りに及ぶ複数の立面デザインは、正面側ファサードを頂点とするヒエラルキーのうちに全体が統合されているのである。

■組み合わせられた2つの構成

　次にここで、モチーフそのものではなく、背景である壁面に目を向けてみたい。

　壁の仕上げを見ると、上から下まで同じではなく、3段階に分かれ、それぞれが異なる仕上げになっている［6］。一番低い部分は、表面がゴツゴツした荒々しい仕上げだ。そのすぐ上には、表面は平らだが、石と石の隙間

に細い溝がある面がある。一番上の面は、完全に平滑な壁面となっている。このようなやり方で壁面の仕上げのちがいをデザインとする立面は、15世紀イタリアのパラッツォ（都市住宅、宮殿、庁舎）に多くみられたものだが、その代表的な建築はフィレンツェのメディチ＝リッカルディ宮である [27]。

　ここでおもしろいのは、この横浜正金銀行に見られるのも、基本的にそれと同じ3層の構成だが、同時に、メディチ＝リッカルディ宮には見られないオーダーの柱もあわせ持っていることだ。横浜正金銀行では、あわせて4つの大きなペディメントを持ち、その間を埋めるようにコリント式の大オーダーの柱がずらりと並んでいるわけだが、それらは、多くのヨーロッパの宮殿建築と同じように、粗石積の基壇に支えられている [6]。その基壇は、ちょうど先にみた3段階の壁面の第1層でもある。つまり、この粗石積の基壇は、イタリア・ルネサンスのパラッツォのような3層の構成における初層であり、同時に、オーダーの柱の基壇にもなっている。この建築の立面デザインでは、あたかも2つのレイヤーを重ねるように、背景となる3層構成の壁面に、柱と粗石積による面が重ねられているのである。

27——メディチ＝リッカルディ宮（フィレンツェ）。一番低い部分は粗面仕上げ、その上は筋のある平滑面、一番上はまったく平滑に仕上げられている。

■遊び心あふれる3階の窓

　なお、壁面の仕上げ自体は3種類だが[24][25]、一番上の層では、3階の窓の下に1本の線が入っている[28]。この窓は、ドリス式オーダーのトリグリフ[29]の形を模して作られたもので、左右の両側面が面取りされている。窓の下にはグッタエのような小さな三角形が横に並んでいるが、ちょうどその位置に合わせて線が入っていることで、トリグリフがフリーズに置かれたような格好になっている。特に側面の神殿モチーフでは、2つの窓があることで、巨大なトリグリフのようにみえる、遊び心のあるユニークなデザインだ[30]。

■関東大震災で幻となった3つのオーダーの構成

　ところで、ここまでにこの建築で、ドリス式、イオニア式、コリント式の3種のオーダーを見てきたが、正面ファサードだけに限ってみると、イオニア式とコリント式だけで、ドリス式の柱はない。このことは古典主義建築のデザインとしては、やはり物足りなく感じられる。すでに述べたように、ローマのコロッセウムでは、これら3つのオーダーのすべてが外観に用いられ、そのデザインは後世に大きな影響を与えた（20ページ）。そこでみられた、1階にドリス式、2階にイオニア式、3階にコリント式という構成は、その後、非常に多くの建築で模倣され、古典主義建築の立面デザインにおける、いわばひとつの定石となっている。一方、横浜正金銀行の正面ファサードでは、全体を貫く大オーダーにはコリント式、2階の窓にはイオニア式がある。そうなれば、コリント式柱頭のある3階や、イオニア式の2階よりさらに低い位置に、ドリス式オーダーの姿が欲しいところだ。それにふさわしい場所といえば、やはり1階の正面入口だろう。

　じつは、この建築が建てられた当初の写真を見ると、果たして、正面入口にドリス式の付柱が立っていたことがわかる[31][32]。この建築は関東大震災の被害で、ドームや玄関周りの一部が損傷し、その後復旧して現

在に至るが、正面入口のドリス式の柱が復元されることはなかった。だが、妻木による当初の設計では、ドリス式、イオニア式、コリント式の3つのオーダーのすべてが、正面ファサードに揃っていたのである。しかも、3つ

[左]28——横浜正金銀行の2階窓と3階窓

[右上]29——ドリス式オーダーのトリグリフ
図版出典：ジャコモ・バロッツィ・ダ・ヴィニョーラ『建築の五つのオーダー』長尾重武編、中央公論美術出版、1984年、p. XIII

[右下]30——横浜正金銀行の馬車道側にある3階窓（[24]の上部）。左右の両側面はトリグリフのように面取りされ、窓の下にはグッタエのような小さな三角形が並ぶ。中央にはドリス式付柱が立つ。

31——1904（明治37）年竣工当時の横浜正金銀行。1階正面玄関のアーチの下の入口両側にドリス式付柱が立つ。
図版出典：『横浜正金銀行　世界三大為替銀行への道』神奈川県立歴史博物館、2004年、p. 20

32——正面玄関の右上の部分。ドリス式付柱の柱頭の上にトリグリフと6つのグッタエがみえる。　図版出典：『神奈川の写真誌　関東大震災』金井圓・石井光太郎編集、有隣堂、1971年、p. 38

のオーダーをただ単純に1、2、3階に並べるものではなく、ひとひねりある組み合わせだった。すなわち1階の玄関口をドリス式、2階の窓をイオニア式、そして建築全体を貫く大オーダーをコリント式とすることで、柱頭の位置を見ると、高さの順がコロッセウムと同じになっているという構成である。

■コリント式柱頭の葉のデザイン

最後に柱頭のデザインをみていきたい。前章の日銀本店でも、オリジナルのディテールを持つコリント式柱頭のデザインをみたが、横浜正金銀行のコリント式柱頭 [33] も、オリジナルのデザインがみられる興味深いものだ。

まず、葉の形をみると、日銀本店のそれ (1-1 [17]) とは異なり、細かい葉の形が作られ、より立体的に形作られている。特徴的なのは、2段目の葉がとても低いことと、下の方の葉は平坦なのに対して先端はふっくらとした丸みを帯びていることだ [34]。先端部分の形は、古典主義建築よりむしろ中世の柱頭の葉に近い。大きくふくらんでいるため、強い日差しのもとでは明暗のはっきりとした陰影が生まれるが、そのため、彫りの深いこの建築の全体の中でも印象深く目に映る。また、根本と先端とで葉の姿

[左] 33──横浜正金銀行のコリント式柱頭。2段目の葉が一般的なもの（たとえば p. 297）より低い。
[右] 34──横浜正金銀行のコリント式柱頭

が大きく異なっていることは、植物の葉が芽として生えてきたばかりの姿を思わせる。とすれば、通常よりかなり低い2段目の葉は、まだ若くて十分な長さまで伸びきっていない状態なのだろうか。たしかに、伸びきっていない2段目の葉の上には、すでに新しい葉が3段にわたって芽吹いている姿があらわされているようだ。

■ 圧倒的存在感を示す外観

こうしてみてくると、この建築がいかに考え抜かれたデザインかということがわかってくるだろう。このひとつの建築の中に、ドーム、古代神殿のペディメント、ルネサンスのパラッツォを連想させる3層構成といった、古典主義建築の主要なデザインや構成が、いくつも重ね合わせられている。また、正面ファサードで提示された重要なモチーフは、少しずつ変形されたバリエーションをみせながら、建築の外壁全体に展開されている。こういった巧みな構成に気づくと、この設計者は、古典主義建築について学んだことのすべてを、この1棟に盛り込もうとしたのではないかと思われる。しかも、そのデザインは、決して西洋の模倣だけではない。そのことは、独創的なディテールを持つコリント式柱頭を見ればわかる。しかし、いくらなんでも詰め込み過ぎなのではないかという気もする。実際、この建物の目の前に立つと、そのデザイン密度があまりに濃すぎて息苦しくなるほどだ。

だが、この建築が誕生したもともとの背景を考えれば、そう感じさせられるのも不自然なことではない。今でこそ神奈川県立歴史博物館として広く親しまれているが、横浜正金銀行本店として建てられた当初は、決して一般市民が気軽に立ち入ることができるようなところではなかったのだから。開国直後、外貨を専門的に扱う目的で国策によって設立されたこの銀行は、庶民の日常生活からはかけ離れた存在だったはずだ。この外観デザインは、そういった当時の社会におけるこの建築のあり方をも、圧倒的な存在感によって示しているのである。

3. 引用されたイメージを読む

旧英国総領事館 (横浜開港資料館旧館) ［英国工務省設計 1931 (昭和6)年竣工］

　かつてペリーが上陸したとき傍らに立っていた玉楠の木は、今もその根を横浜の地に張り、開港のシンボルとして知られている。この旧英国総領事館 (以下、英国総領事館とする) は、その木のちょうど目の前に建つ建物だ。全体はイギリスの邸宅建築を基調とする上品なたたずまいだが、入口にはコリント式の立派な円柱が2本立っている [1]。

　コリント式の円柱は古典主義の3つのオーダーのひとつで、もともとは古代ギリシアやローマの神殿で使われていたものである。その後、14、15世紀のイタリアで興った古典復興運動で古代の美術や文学が研究されると、建築家たちもローマに残る古代の建築を研究するようになった。ルネサンス建築には、その研究成果にもとづいて、コリント式やイオニア式といった意匠を持つ柱が用いられ、彼らが模範とした古代ローマのドームや神殿のイメージが投影されている。一方、この英国総領事館は、イタリアルネサンスから遠く離れた20世紀の横浜に建てられたものだが、ここからも同様に、過去の建築作品のイメージを読み取ることができる。

　ところで、この建築から読み取れるイメージのひとつを、この場所の意味に重ね合わせると、ある別の意味が浮かび上がってくる。それはまるで上品なたたずまいの奥に隠された、この建築のもうひとつの本心のようだ。その意味に気づかされると、一見かわいらしいこの建築が、がらりと違った表情で見えてくる。本章では、ファサードに引用された複数のイメージを観察しつつ、この建築がこの場所に建つことの意味についても考えていきたい。

■パラディアン・モチーフのある正面ファサード

　まず、北東に面した正面のファサードに立つ2本のコリント式円柱からみてみよう [1]。古典主義建築の円柱をこのように使うことは、どちらかと

いうとめずらしい。というのも、通常は古典主義建築では、そのルーツである古代神殿のイメージをみせようとすることが多いため、結果として、神殿のように柱をずらりと並べたり、柱を神殿の形を連想させるペディメントと組み合わせることが多くなるからだ。たとえば、第4章でとりあげる旧三井銀行横浜支店では、イオニア式の柱が並べられ壮麗な神殿の趣を見せているし（1-4 [1]）、前章でとりあげた横浜正金銀行では、列柱とペディメ

1──旧英国総領事館。北東側にある正面ファサード。

ントが組み合わせられていた（1-2 [1]）。それに対して、この建築の構成は少し違う。円柱はこの2本しかなく、どちらも両脇の壁から少しだけ離れて立っている。柱の上にはペディメントが置かれるのではなくアーチが架けられている。このような構成で思い起こさせられるのは、古代神殿ではなく、16世紀イタリアのパラーディオの作品などでみられた、セルリアーナやパラディアン・モチーフと呼ばれるものだ [2][3]［解説1］。イギリスではパラーディオの影響を受け継いできた伝統を持つので、その意味ではイギリスらしいデザインということもできる。

［左］2——バシリカ（ヴィチェンツァ）。ファサードデザインはパラーディオによる。
［右］3——バシリカの開口部。スパンが3つに分割され、最も広い中央にアーチが架けられている。

解説1	パラディアン・モチーフに似た構成

パラディアン・モチーフとは、16世紀イタリアのセルリオの建築書に紹介され、その後、パラーディオが好んで用いたものである [2][3]。この英国総領事館とは、壁面から少し離れた2本の円柱にアーチが架けられた構成が共通している。

■2本のコリント式円柱と小さなデンティル

　ここにみられるコリント式とは、柱頭に葉飾りや渦巻を持ち、古典主義の3つのオーダーでもっとも華やかなものだ。英国総領事館では、葉の一枚一枚がディテールまで丁寧につくられ、渦巻のプロポーションもバランス良くつくられている[4]。そのおかげで、たった2本の柱だが、この建築を本格的な古典主義の作品にみせている。

　ただ、柱頭が支える水平材には、少し不自然な部分がある。柱頭の上の水平材（コーニス）には、小さい矩形が歯形のように並ぶデンティルと呼ばれる形があるが、なぜかその一つ一つがかなり小さく作られているのである。古典主義建築では、こういった細部のプロポーションも、作者によって多少の違いはあれ、おおよそ決められている[5][6]。だが、ここではプロポーションが一般的なものとはかなり異なる。そのため、柱頭と合わせてみると、別の建物の部材を組み合わせたようにも見えてしまい、不思議なバランスが生まれている[解説2]。このことについては、あとでもう一度考えたい。

4——英国総領事館のコリント式
大オーダーの柱頭とエンタブレ
チュア。デンティルの大きさが、
柱頭に対して小さく、柱頭の幅
に対し約20個分に相当している。

［左］5——ヴィニョーラの建築書のコリント式オーダーの柱頭とエンタブレチュアの詳解図。 デンティルの数は柱頭の幅に対して約9個（半分に対して4.5個）。

図版出典：ジャコモ・バロッツィ・ダ・ヴィニョーラ『建築の五つのオーダー』長尾重武編、中央公論美術出版、1984年、p. XXVI

［右］6——横浜正金銀行のコリント式大オーダーの柱頭とエンタブレチュア。 デンティルの数は柱頭の幅に対して約9個。

解説2	デンティルの大きさ

　英国総領事館のデンティルの細かさについては、たとえば近くの横浜正金銀行のコリント式柱頭［6］と見比べるとわかりやすい。ルネサンスの代表的な建築書と比較しても、ヴィニョーラの図版［5］ではデンティルの数は柱頭の幅に対して9個なのに対して、この建築では20個分くらいに相当している。つまり、見た目の幅は半分ということになる。そのため、英国総領事館では、ここだけが別の建物のための部材を組み合わせてしまったようにも見える。

■水平材に重なる窓

このファサードにはもうひとつ不思議な点がある。2階の窓の上部が、すぐ上の水平材に食い込んでしまっていることだ[7][8]。もちろん、この建築では、この部分は構造材ではないから構造的には問題ないのだが、とはいえ、この水平材は、本来は上部の荷重を支える材をかたどったものなので、途中で途切れてしまうのは奇妙なことだ。

■2つの顔を持つ建築

ここまで、細部に2つの不思議な点をみてきた。柱頭の大きさに比べて、細かく作られたデンティル。水平材に食い込んでいる窓。これらは、このファサードに2つのデザインを組み合わせたものと解釈できる。そのひとつは、コリント式の円柱のある正面玄関のもので、もうひとつは、3層の窓を持つイギリスの邸宅風の端正なデザインである。この建物は、領事館とい

[左]7——正面ファサードの2階の窓。上部がその上の水平材に食い込んでいる。
[右]8——側面に当たる南東側ファサードの2階窓。こちらも上部がその上の水平材に食い込んでいる。こちらの側面ファサードでは、窓の意匠がより優位に扱われているようにみえる。

うオフィスであると同時に領事の住まいとしても作られていたが、その2つの顔が、2種類のファサードのデザインとして表されていると考えてもよいだろう。

■ペディメントの巧みな配置

こういった2種類のファサードを重ね合わせる中で、巧みに配置されているのが、入口のペディメントである。玄関上部にはアーチの上部が途切れた櫛形ペディメントがある。一般にこのような形の場合、上部の割れたところに銘板のようなものが入れられることが多いが [9]、この建築でも、当初はここに英国の紋章が飾られるようになっていた [10]。当初飾られていたとされる紋章は、現在、記念室に置かれている。

■イギリス邸宅風の側面ファサード

この建築には北西面と南東面にも出入口がある。これらのファサードは、どちらも同じ形で、これ自体正面ファサードであってもおかしくないものだ [11]。入口は堂々と中央にあり、左右には矩形の窓がバランス良く配置され、3階の丸窓がアクセントとなってシンメトリーを強調している。正面で見たようなオーダーの円柱はないので、イギリスの邸宅風の領事の住まいという顔は、こちらのファサードの方で見たほうがよりわかりやすい。

ただし、丸窓の下にみえている2段目の水平材は、正面玄関の2本のコリント式円柱が支えるエンタブレチュアが回り込んできたものである。こちら側にはコリント式オーダーがないので、よく考えればこの形は不自然だが、デンティルなどの一つ一つの形が小さめに作られているため、さほど違和感なくまとめられている。

■ヴォールト天井と凱旋門のイメージ

さて、ここでもう一度正面ファサードに戻ろう。建物の真下まで行くと、

［左］**9**──パラッツォ・マリーノ（ミラノ）。 北西側ファサードの正面入口上部。 ペディメントにメダイオンなどの装飾が嵌め込まれている。
［右］**10**──英国総領事館の北東立面図。
図版出典：英国工務省による英国総領事館設計図面（1930年）を加工（横浜開港資料館所蔵）

11──英国総領事館。 南東側のファサード。 北西側のファサードも同じデザインでつくられている。

正面玄関の上部に、もうひとつ特徴的なデザインがあることに気づかされる [12]。正面玄関では、扉口が少し奥まっているため、2本のコリント式円柱の上のアーチが、トンネル状の天井（ヴォールト天井）となって奥まで続いており、その天井面には八角形の格間装飾が施されている。ただ、その装飾一つ一つはかなり大きめで、これまで見てきたような端正な雰囲気とは、やや不釣り合いに見えなくもない。

こういったヴォールト天井と格間装飾の組み合わせで、まず思い起こされるのは、古代ローマの凱旋門だ [13]。この建築の玄関を見上げると、アーチの要石や格間で飾られたヴォールト天井が目に入り、凱旋門を見上げたところとよく似ている [12][14]。

古代ローマの凱旋門のデザインは、ルネサンス以降にしばしば引用され、代表的な例としては、アルベルティによるサンタンドレア聖堂（イタリア、マントヴァ）がある [15]。これはキリスト教の教会だが、これ以外にも、凱旋門とは直接関係のないさまざまな種類の建築にそのデザインは引用された [16]。ただし、一般に凱旋門モチーフと呼ばれるのは、中央が広く両脇が狭い3スパンの立面デザインをさすもので、この英国総領事館はそれとは異なる。ただ、この建築の玄関を見上げた様子は、凱旋門を見上げたところによく似たものだ。

じつは、この建築で凱旋門を思い出させるのは、このヴォールト天井だけではない。2段のコーニスのうち、最上部ではなく2段目がより突出しており [17]、そこからも、古代ローマの凱旋門が思い起こされる。なぜなら、古代ローマの凱旋門もまた、門の本体の上に屋階（アティック・ストーリー）を載せる構成で、2段のコーニスを持ち、最上部より2段目の方が大きく突出して作られていたからだ。しかも、その2段の間隔は、英国総領事館の2段のコーニスのプロポーションとほぼぴったりと重なりあう [18]。そのせいで、眺めていると、なんとなしに凱旋門の姿が既視感とともに浮かび上がってくる。

[左上] 12──英国総領事館の正面玄関を見上げたところ。2本のコリント式円柱の上のアーチが、トンネル状の天井（ヴォールト天井）となって、奥の扉口まで続いている。天井面には、八角形の格間装飾が施されている。

[右] 13──ティトゥス帝凱旋門（ローマ）

[左下] 14──セプティミウス・セウェルス帝凱旋門（ローマ）のヴォールト天井を見上げたところ。天井面に格間装飾が施されている。

[左] 15──アルベルティによるサンタンドレア聖堂（マントヴァ）。凱旋門と神殿正面のモチーフが組み合わされている。

[右] 16──トレヴィの泉（ローマ）。凱旋門を引用したデザイン。立面は3スパンで、屋階（アティック・ストーリー）を載せる構成。

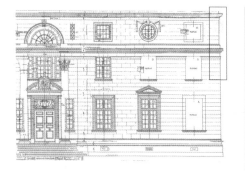

2段目の方が
突出している

17──英国総領事館の立面図。2段のコーニスを持ち、最上部より2段目の方が突出している。 図版出典：英国工務省による英国総領事館設計図面（1930年）を加工（横浜開港資料館所蔵）

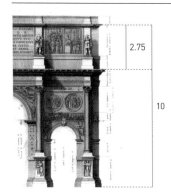

2.75

10

2.53

10

［左］コンスタンティヌス帝凱旋門の立面図（部分）図版出典：*Les édifices antiques de Rome : dessinés et mesurés très exactement, par Antoine Desgodetz*, 1682, pp. 230-231 を加工
［右］セプティミウス・セウェルス帝凱旋門の立面図（部分）図版出典：*Les édifices antiques de Rome : dessinés et mesurés très exactement, par Antoine Desgodetz*, 1682, pp. 198-199 を加工

コンスタンティヌスの凱旋門（ローマ）

セプティミウス・セウェルスの凱旋門（ローマ）

18──図面に基づく、寸法比の比較

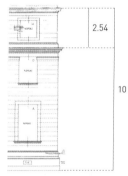

英国総領事館の立面図（部分）。
図版出典：英国工務省による英国総領事館設計図面
（1930年）を加工（横浜開港資料館所蔵）

英国総領事館の南東側ファサード

■日本の玄関口に建つ隠された意図

　ところで、この敷地は、この玉楠の木の前で日米和親条約が結ばれたことで知られている。有名な《ペルリ提督横浜上陸の図》[19] に描かれている場所が、現在のこのあたりということになる [20]。また、すぐ目の前には大さん橋があるが、開港以来、船旅の時代には、人々はそこから出入国していたので、ここはいわば日本の玄関口だった。その地に建つ建築に、

19──伝 ハイネ、ペーター・ベルンハルト・ヴィルヘルム《ペルリ提督横浜上陸の図》。1854年3月8日、最初の日米会談のため、ペリー一行が横浜に上陸し応接所に入る場面。画面右に、玉楠の木と水神社が描かれている。この玉楠の木は関東大震災で燃えたが、その根から出た芽が育って現在の玉楠の木となった。
図版出典：横浜美術館蔵（原範行氏・原會津子氏寄贈）

[左] **20-1**──英国総領事館と玉楠の木
[右] **20-2**──現在は英国総領事館（写真上部）の前面にコの字形の新館が建ち、玉楠の木を取り囲むように中庭を作っている。　図版出典：Google Maps

門を連想させるデザインがみられることは、いかにもふさわしいと言ってい
い。だが、それがただの門ではなく、凱旋門だということに思い至れば、
穏やかでもいられなくなるのではないだろうか。なぜなら、凱旋門は英語
ではtriumphal archというが、これは直訳すれば「大勝利の門」という意
味で、もともとは古代ローマ帝国において、他民族との戦争に大勝した記
念として建てられたものだからだ。先に見たティトゥス帝の凱旋門 [13] は、
エルサレム征服を祝して建てられたものだ。つまり、都市横浜の始まりを
象徴する場所にその門を思わせる建物が建っている、ということになる。

　もちろん、これらの特徴だけで、この建築が凱旋門を意図して設計さ
れたとまでは言い切れない。とはいえ、これらの特徴が凱旋門と共通する
ことは事実であり、その姿を思い起こさせるのも事実だ。そして、そのこと
を、つまりこのヴォールト天井や2段のコーニスの扱いが凱旋門を連想さ
せることを、英国工務省の設計者が知らなかったはずはない。また、イン
ドには明らかに凱旋門をモチーフとしている門が、英国工務省の設計では
ないが、同じイギリス人建築家によって建てられている [21] [22]。そのひ
とつが建つムンバイは、横浜と同じ港町だが、そのインド門はちょうど海
に正対するように建っている [23]。

[上] 21——インド門（ニューデリー、
E・ラッチェンス設計、1921年）
[中] 22——インド門（ムンバイ、G・ウ
ィテット設計、1924年）
[下] 23——インド門（ムンバイ）。海
に正対するように建っている。　図版出
典：Google Maps

■ファサードに潜む大国の棘

　じつはこの英国総領事館も、現在は前面に新館が建つが、ムンバイの
インド門と同じように海に正対するように建っている[24]。ただ、この建築
は、離れたところからは、玄関にパラディアン・モチーフ風の構成を組み
合わせたイギリス邸宅風のデザインにしか見えない。凱旋門を思わせるヴ
ォールト天井は、遠くからは見えないし、立面図ではまったくわからない
からだ。

英国総領事館
(横浜開港資料館旧館)

横浜開港資料館新館

24——英国総領事館も海に
正対するように建っている。
図版出典：Google Maps

ところが、正面玄関まで来ると上部のヴォールト天井に気づかされ、優美な住宅には不釣り合いな仰々しい格間装飾が目に入る。まるで端正な邸宅に巧妙に隠されていた大国の尊大さが、不意に顔をみせるかのようだ[12]。玄関口に向かうとき天井を見上げれば、今まさに、凱旋門をくぐろうとしているかのような錯覚をおぼえるかもしれない。

　現在は、前面に新館が建てられ、表の海岸通りからはこの建築と玉楠の木との関係がわかりにくいが、古い白黒写真からは、かつての姿をうかがい知ることができる[25]。そこには、横浜開港の象徴である玉楠の木の真正面に、堂々と建つこの建築の姿が写し出されている。とはいえ、この遠景では、ヴォールト天井は見えないので、凱旋門のイメージはほとんど隠されたままだ。だが、見えない凱旋門のイメージは、小さな棘のようにこのファサードに潜んでいる。

25──新館が建つ前の英国総領事館。真正面に玉楠の木が立つ。
図版出典：『横濱』vol. 59、神奈川新聞社、2018年、p. 8（横浜開港資料館所蔵）

4. 2つのイオニア

旧三井銀行横浜支店(三井住友銀行横浜支店)
[トローブリッジ＆リヴィングストン建築事務所設計 1931 (昭和6)年竣工]

旧露亜銀行横浜支店(ラ・バンク・ド・ロア)
[バーナード・M・ウォード設計 1921 (大正10)年竣工]

　ここまでにみてきた日銀本店、横浜正金銀行、英国総領事館の3棟では、いずれもコリント式オーダーが中心的に用いられてきた。古典主義の3つのオーダーの中でもっとも華やかなコリント式オーダーは、古代ローマで好まれたものだが、日本の近代建築でも用いられることが多い。単純なドリス式と違い、コリント式柱頭にはオリジナルの表現を挟み込む余地があり、日銀本店でみられたように、ディテールの操作によって建物全体のデザインと調和させることが可能だ。一方、イオニア式オーダーは、ドリス式ほど簡素でなくコリント式ほど装飾的ではないもので、しばしば中庸と称される。とはいえイオニア式柱頭にもデザインの幅はあり、ときにはそれが建物全体との関係としてわかりやすい形でみられることもある。

　ここからみていく旧三井銀行横浜支店と旧露亜銀行横浜支店(以下それぞれ、三井銀行、露亜銀行とする)は、どちらもファサードにイオニア式オーダーが用いられている。しかし、建物全体としてみると、その印象は少し異なる。堂々とした列柱のある三井銀行 [1]。堅牢な石積みの層の上に円柱が立ち、安定感のある露亜銀行 [2]。同じイオニア式オーダーだが、建築全体の印象は似てはいない。本章では、異なる表情を持つこの2棟の建築について、イオニア式柱頭のディテールとも関連づけながらみていきたい。

■古代神殿の壮麗さをみせる三井銀行

　まず、三井銀行からみていこう。この建築には、日銀本店や横浜正金銀行のような基壇の層はなく、イオニア式列柱が地上から直接立ち上がっている。柱には溝彫が施されていて、特に斜め横からの姿を美しくみせる

［上］1──旧三井銀行横浜支店。本町通り側ファサード。正面に4本のイオニア式大オーダー、両脇に2本ずつのドリス式大オーダー付柱が立つ。

［下］2──旧露亜銀行横浜支店。本町通り側ファサード。イオニア式大オーダーが、基壇の層の上に立つ。

［3］。外観のデザインで設計者がどのような姿を意図していたかは、設計時に描かれたパース画がよくあらわしている［4］。大オーダーの美しい円柱が立ち並ぶ、白い近代建築。そして、その周囲に集う人々。近代の都市空間に、古代神殿の壮麗さが出現している。

ただし、この図を描いたのは設計者自身ではない。20世紀初頭に幻想的なドローイングの数々を描いたことで知られる画家、ヒュー・フェリスである。彼が描いた未来都市やスカイスクレーパーは、同時代の建築や美術に広く影響を与えた。その代表作『明日のメトロポリス』［5］では、陰影のあるモノトーンの摩天楼が超現実的な姿で描き出されている。こういっ

［左］3——三井銀行の本町通り側ファサードを斜め横から見たところ。溝彫が施された柱は、斜め横からの姿が美しい。
［上］4——ヒュー・フェリスによる三井銀行横浜支店の配景図（『三井本館建築工事実況』（1927年）
図版出典：『三井本館』三井本館記念誌編集委員会編集、三井不動産、1989年、p. 48
［下］5——ヒュー・フェリス『明日のメトロポリス』（1929年）の表紙
図版出典：Hugh Ferriss, The Metropolis of Tomorrow, Princeton Architectural Press, 1986, 表紙

た未来的なデザインは、古典建築とはかなり趣が異なるが、独特のタッチは三井銀行の画風にも共通している。

　当時大変な人気を誇っていたフェリスに、横浜の三井銀行のパース画が依頼されたことは、意外に思われるかもしれない。だが、三井銀行を設計したトローブリッジ＆リヴィングストンもまた、当時のアメリカで相当に有力な設計事務所だった。もともとは、まず日本橋の三井本館 [6][解説1] がこの設計事務所に依頼され、つづいて依頼された4棟の支店のひとつがこの横浜支店だったという経緯である。このトローブリッジ＆リヴィングストンは、ニューヨークのJ・P・モルガン銀行やピッツバーグのメロン銀行といった作品を手がけた設計事務所で、新古典主義的なデザインを得意としていた。

6——三井本館（東京）。三井銀行（横浜支店）と同じトローブリッジ＆リヴィングストンによる設計。

三井本館は、三井銀行横浜支店の2年前、1929（昭和4）年に竣工していた。規模はこの横浜支店より一回り大きく、建築様式もイオニア式よりさらに華美なコリント式が用いられている。同じ設計者だということもあり、全体の構成や細部のデザインなどに類似点も多いが、特に興味深いことのひとつは、2つの立面の関係性にある。

三井本館では、大オーダーのコリント式柱頭の少し下にデンティルのような形があるが、高さを比較すると、三井銀行横浜支店の立面上部のデンティルに対応しているように見える。つまり、横浜支店に見られる壁面構成が、三井本館の方では、大オーダーのフレーム中にすっぽりと包み込まれているように見えるのだ[7][8]。複数のファサードが重ね合わせられたようなデザインは、16世紀のパラーディオの作品にもみられるものだが、ここでは支店が本館に入っているという関係が示されているようでおもしろい。

[左]7——三井本館（東京）のファサード。大オーダーのコリント式柱頭の下にデンティルのような装飾帯があり、三井銀行横浜支店の立面上部のデンティルに高さが対応しているようにみえる。
[右]8——三井銀行のファサード。正面玄関のデザインほか、全体の構成や細部のデザインなどにも三井本館との類似点が多い。

■新古典主義のイオニア式柱頭

　ところで新古典主義とは、18世紀に古代ギリシアの建築文化が再発見された事が大きな契機となって興ったものだ。オスマントルコの衰退によって、西ヨーロッパ側からその地を訪れることができるようになったことで、建築家たちは、ようやく目にする本物の古代ギリシアの建築を熱心に実測した。その中でイオニア式柱頭のデザインにも変化がみられる。

　イオニア式柱頭の最大の特徴は、ヴォリュートと呼ばれる大きな渦巻だが、古代ギリシアの遺構では、この2つの渦巻を結ぶラインは水平ではなく、ゆるやかに湾曲した線を描いていた。こういったイオニア式柱頭が、新古典主義の時代になって盛んに作られるようになったのである。例えば、グリーク・リバイバルの代表作、大英博物館 [9]（234ページ）では、プリエネのアテネ・ポリアス神殿を範としてイオニア式柱頭が作られた。ファサードの列柱には、大きく湾曲したラインをみせる柱頭 [10] がずらりと並んでいる。それと同様、三井銀行のイオニア式柱頭でも、やや控えめではあるが、

9──大英博物館（ロンドン）。
ファサードのポルティコにイオ
ニア式オーダーが並ぶ。

水平ではないゆるいカーブが確認できる[11]。この部分はルネサンスやバロックには、一般的には水平につくられていたので[12]、この曲線は新古典主義以降に現れた特徴だ。ただし、水平に作られたイオニア式柱頭もなくなったわけではなく、その後も引き続き作られた。その形は、三井銀行のすぐ近くの旧第百銀行横浜支店（その後東京三菱銀行横浜中央支店となり、現在D'グラフォート横浜クルージングタワー）や上野の表慶館でもみることができる。

　三井銀行の柱頭では、側面にもグリーク・リバイバルらしい特徴が見られる。イオニア式柱頭の渦巻は、側面から見るとやわらかい布が巻き上げられたような形状をしているが、ここではその曲面がカラーの花のように開いた形に作られている[11]。こういった形も、古代ギリシアの遺構でみられ、新古典主義の時代に多く作られたものだ。同様の形はイタリアルネサンスでもみられたが、それと同時にこの部分を反転曲線を描く手摺り子（バラスター）のような形に作ったものも多く[13]、16世紀に出版されたヴィニョーラの建築書でも、優美な反転曲線が描かれている[14]。

　いずれも、建物全体からすればわずかな部分の違いだが、新古典主義の精神とは、より正統的な原典を追求することだったから、当時の建築家にとっては、その違いは小さいものではなかっただろう。

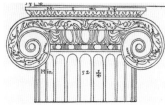

[左上]10──大英博物館のイオニア式柱頭。2つの渦巻を結ぶラインは水平ではなく、ゆるやかに湾曲した線を描く。 図版出典："Ionic capital, south portico, British Museum, London" by orangeaurochs is licensed under CC BY 2.0

[右上]11──三井銀行のイオニア式柱頭。2つの渦巻を結ぶラインは水平ではなくゆるいカーブを描く。

[下]12──パラーディオの建築書のイオニア式柱頭の詳解図（部分）。2つの渦巻を結ぶラインは水平につながる。 図版出典：A. Palladio, *I quattro libri dell'architettura*, I, 1570, repr., Hoepli, 1976, p. 36

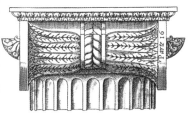

[左]13──サン・ロレンツォ（フィレンツェ）の回廊つき中庭のイオニア式柱頭を側面から見たところ。ゆるやかな反転曲線を描く形がみられる。

[右]14──ヴィニョーラの建築書のイオニア式柱頭の詳解図（部分）。側面はゆるやかな反転曲線を描く手摺り子のような形。 図版出典：ジャコモ・バロッツィ・ダ・ヴィニョーラ『建築の五つのオーダー』長尾重武編、中央公論美術出版、1984年、p. XVIII

■露亜銀行のイオニア式柱頭にみられる円盤形渦巻

一方、露亜銀行のイオニア式柱頭の特徴はもう少しわかりやすいものだ。こちらでは、2つの渦巻自体が、円盤のような形につくられているのである[15]。そのため側面を見ても、三井銀行で見たような、やわらかい布を巻き上げたような曲面はない。

このような円盤形の渦巻は、もともとは古代神殿の角の部分で用いられたものだった[16]。普通のイオニア式の形をそのまま建物の角に用いると、どちらか一方の面が正面でなくなってしまうからだ。ただし、すでに古代ローマでも、建物の角ではないところで、四方に円盤形の渦巻を突出させる形の柱頭を用いる例もみられている。ローマのフォロ・ロマーノのサトゥルヌス神殿では、四方に円盤形の渦巻を突出させる形の柱頭が、独立して立つ円柱に用いられている[17]。

こういった形は、時代は下って16世紀のパラーディオの作品でもよく用いられており、彼は先のサトゥルヌス神殿の柱頭も著書『建築四書』で詳解している[18]。ただ、パラーディオはこの形について「ドリス式とイオニア式を混合したもの」と述べており、正式なイオニア式柱頭としては[12]の形を示していた。ところが、その少し後に出版されたスカモッツィの建築書では、まさにこの円盤形の渦巻を持つ形をイオニア式柱頭として掲載している[19]。

この円盤形の渦巻とは、もともとは角の柱での問題解決のためだったが、渦巻が斜めに突出することで普通のイオニア式柱頭にはない凹凸感が生まれる。スカモッツィの建築書が出版された1615年はすでにバロックの時代がはじまっていたが、このイオニア式柱頭は、当時好まれた立体感のある表現に適したものだった。

■立体感のあるファサード

そして、露亜銀行もまた、バロック的という表現がふさわしい外観であ

［左］**15**——露亜銀行のイオニア式柱頭。渦巻が円盤のような形につくられている。
［右］**16**——アテナ・ニケ神殿（アテネ）の角の部分。建物の角に当たる部分だけ、渦巻が円盤のような形につくられている。

［左］**17-1**——ローマのフォロ・ロマーノのサトゥルヌス神殿の柱頭。円盤形の渦巻を四方に突出させる形が、独立柱に用いられている。
［右］**17-2**——フォロ・ロマーノのサトゥルヌス神殿

18——パラーディオの建築書に描かれたサトゥルヌス神殿の柱頭の詳解図（部分）
図版出典：A. Palladio, *I quattro libri dell'architettura*, IV, 1570, repr., Hoepli, 1976, p. 127.

19——スカモッツィの建築書のイオニア式柱頭の詳解図（部分）
図版出典：V. Scamozzi, *L'idea della architettura universale*, Venezia, 1615, repr., The Gregg Press, 1964, Vol. 2, p. 101.

る。このファサードは、基壇の層を持ち、その上に円柱のある上層が載るという、第1章（14-15ページ）でもみたような2層構成で、日銀本店とも共通しているが、この露亜銀行の方が一段と立体感に富んでいる。上層の壁面をみると、左右の壁面に対し中央の壁面は少し後退しているので、中央に立つ2本の円柱はひときわ立体的にみえる。こういった壁面の構成は、三井銀行でもみられたが、そちらと比べても露亜銀行は彫りが深い[2]。

それは、いまみてきた壁や柱だけでなく、それ以外の部分も彫りを深くみせることに貢献しているからだ。例えば2階の窓をみてみよう。中央にある3つの窓は印象的だ。中央の壁面は、左右に比べて後退しているが、この窓面は、壁面よりさらに少し入り込んで、窓全体を一種のニッチのようにもみせている[20]。窓の上には、大振りなキーストーンによって支えられた曲面の庇が大きく突出し、窓のくぼみに深い影を生み出している。一方で、左右にある三角ペディメントを持つ窓を見ると、こちらでは逆に、壁面は中央の面より手前に出ているのに、ペディメントや柱など窓まわりの構成はその面よりさらに突出している。こういった凹凸感に富んだファサードの中で、斜めの円盤を持つイオニア式柱頭はちょうど釣り合い、ファサードに立体感を生み出している。なお、設計者のバーナード・M・ウォードは、パラーディオの影響の強いイギリス出身の建築家だった。

この建築の全体の雰囲気は、むしろ遠くから眺めることで見えてくる。関東大震災直後の写真には、一面の瓦礫の中に建つ印象的な光景が写し出されている[21]。彫りは深いけれど隅部の曲面はやわらかい、重厚な姿だ。ここにみられる建築全体の印象は、古代神殿の壮麗さをみせようとした三井銀行とは異なるものである。

■2棟の建築がみせるもの

ところで、この写真からもわかるように、露亜銀行は震災で崩壊せずに残った稀少な建築だ。一方、三井銀行は震災後に建てられたもので、こ

の2棟の建築年にはちょうど10年の隔たりがある。関東大震災は、東京や横浜の都市に甚大な被害を及ぼし、日本近代建築史上に大きなインパクトを与えた。そのため、日本の近代建築史では、震災の前後で時代を区分することが一般的となっている。だが、古典主義建築の歴史という観点からみれば、この2棟はむしろ同時代といっていい。

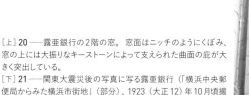

［上］20──露亜銀行の2階の窓。窓面はニッチのようにくぼみ、窓の上には大振りなキーストーンによって支えられた曲面の庇が大きく突出している。
［下］21──関東大震災後の写真に写る露亜銀行（「横浜中央郵便局からみた横浜市街地」（部分）、1923（大正12）年10月頃撮影）。図版出典：『関東大震災と横浜：廃墟から復興まで』横浜都市発展記念館・横浜開港資料館編集、2013年、pp. 12-13（長島弘氏寄贈・横浜開港資料館所蔵）

古代ギリシアの神殿を起源とする古典建築の歴史は、この時点ですでに2000年以上におよんでいた。その長い歴史では、ルネサンス、バロック、新古典主義の時代を経て、膨大な数の作品とともに多様な表現が生み出され、それぞれの時代で求められた表現に応じてイオニア式柱頭にも変化がみられた。16世紀にすでにヨーロッパの広い範囲に伝播していた古典主義様式は、やがてヨーロッパ大陸を超えた地域へと広がっていく。たとえば18世紀に建国された新しい国アメリカでは、新古典主義が盛んに受容された。19世紀にはアジアの日本にも古典主義様式が到達し、こうしてイギリス人建築家の設計による露亜銀行とアメリカの設計事務所による三井銀行が、揃って横浜に建っている。この2棟の姿がみせているものは、建てられた10年の違いというより、古典主義建築の長い歴史の中で生み出された表現の幅であり、その姿の違いは2つの渦巻のディテールからもみてとることができる。

5. 日本のマニエリスム

旧安田銀行横浜支店（旧富士銀行横浜支店、東京藝術大学大学院映像研究科馬車道校舎）
［安田銀行営繕課設計 1929（昭和4）年竣工］

　旧安田銀行横浜支店（以下、安田銀行とする）[1] は、しばしば古典主義様式の作品として紹介されている。たしかに、一見すると、すぐ近くの横浜正金銀行（1-2 [1]）や三井銀行（1-4 [1]）と同じスタイルに見えるかもしれない。だが、近づいてあらためてよく見ると、どうも何か違う。柱頭の特徴的なデザイン [2]、柱の足下の直方体 [3]、そして何より窓の下の奇妙な造形 [4]。どれも不思議な形ばかりだ。こういった細部のデザインに気づいてしまうと、これはいったい何の形なのか、そしてこの建築の様式は何なのかと考えさせられてしまう。

　建築の古典主義とは、すでに述べたように、14、15世紀の文学や美術の古典復興運動に連なるかたちで興ったものである。建築家たちはローマの地に残る古代の建築を実測することでその様式を研究し、その成果として、15世紀には古典建築の規則に則った建築が作られた。ところが、16世紀に入ると、あえてその規則を逸脱したデザインが作られるようになる。のちにマニエリスムと呼ばれるそれらのデザインは、そもそもの規則自体を知らないと理解できないものだ。この安田銀行は、それとは時代も国も異なるが、ここにみられる不思議な形も、古典主義建築のデザインをあえて逸脱したユニークなディテールを持っている。

1——旧安田銀行横浜支店。 写真右手が馬車道側ファサード、左手が本町通り側ファサード。

［左上］2——安田銀行の柱頭
［左下］3——安田銀行の柱の下には直方体
が置かれている。
［右］4——安田銀行の窓を支える持ち送り

■蓮をモチーフとした逆さの柱

　この建築は本町通りと馬車道という、横浜の２つの重要な通りの角に建ち、どちらの面にも堂々とした柱を並べている。こういった列柱は、横浜では三井銀行（1-4 [1]）や横浜郵船ビル [5] にもみられる。柱を一面に立ち並べることで、古代の神殿に備わっていた迫力や壮麗さを表そうとするもので、古典主義建築の典型的なファサードデザインだ。ところが、この建築では、一つ一つのデザインをあらためて観察すると、古典主義とは異なるところが目に入ってくる。たとえば、柱の足元を見ても、円盤を重ねたような柱礎はない [3]。柱本体（柱身）にも、溝彫もなくエンタシスもない。そして何より、柱頭の形が、古典主義のどのスタイルとも異なるのである [2]。

　といっても、一見すると、この柱頭がドリス式のものに似ていることもたしかだ。ドリス式の柱頭は、エキヌスと呼ばれる平たい皿のような形と、アバクスという四角い板を持ち、その形は柱頭の本来の機能が体現されたものとして捉えることができる（290ページ）。柱の上から伝わる荷重をしっかり支えるため、柱の断面積を広げられた形状がエキヌスで、その上に載るアバクスは、水平材との結合を補強したり、高さを微調整するスペーサーにもなりうる形だ。安田銀行の柱頭にも、アバクスによく似た板があるが、その下の形はドリス式のエキヌスとは異なっている。

　ドリス式のエキヌスであれば、輪郭は1/4円弧を描き、その表面は卵鏃文様で飾られる [6]。一方、安田銀行では、シルエットは円弧ではなく、外側にやわらかく広がるような立体に形づくられている。また、表面の装飾は卵鏃文様とは異なり、2連で1組の花びらの形をしている [7]。これは仏教建築や仏教美術ではよく用いられるもので、仏の世界の花である蓮をモチーフとしたデザインと考えられる。

　古典主義のオーダーは、まず古代ギリシア神殿にみられたドリス式、イオニア式、コリント式の3種があり、そこに古代ローマのトスカナ式とコンポジット式が加わって、ルネサンス以降にはその5種が規範となった。た

5——横浜郵船ビル。コリント式大オーダーの列柱が立ち並ぶ。

6——サンソヴィーノの図書館（ヴェネツィア）のドリス式柱頭。エキヌスの輪郭は1/4円弧で、表面には卵鏃文様の装飾が施される。

7——安田銀行の柱頭。輪郭は1/4円弧ではなく、外側にやわらかく広がるような立体。表面の装飾は2連で1組の花びらの形。

だし、その5種類以外にもさまざまなオリジナルのデザインは作られており、百合のシンボルをあてはめたものや [8]、アメリカではとうもろこしをあしらったものもあり [9]（235ページ）、その建築の施主や地域にまつわるモチーフが用いられることが多い。安田銀行の例も、それらと同様に、日本風あるいは東洋風の柱頭デザインのひとつとみることができる。ただ、数多あるオリジナルデザインの中でも、この安田銀行のものが秀逸である点は、この蓮弁は仏教建築の柱の根元にもつけられることがあるので [10]、柱の根本を柱頭に持ってきたようにもみえるということだ。先に見たように、この柱には、溝彫もエンタシスもなかった。つまり、つるつるでまっすぐな仏教建築の柱と同じである。そのため、ここで借用されているのは、根元の装飾だけでなく柱1本まるごととみることができる。従って、これは、お寺の柱を適当な長さで切りとって、逆さに立てた姿と見立てることもできるのである。

■柱礎とエンタブレチュア

　さて、柱頭のデザインは、かなり独創的だったが、柱の足元にも意表をつかれる。というのも、柱の下には、ただ四角い石が置かれているだけだからだ [3]。しかも、その表面には装飾は何もない。柱礎を持たない柱として思い出されるのは、古代ギリシア神殿のドリス式で、柱は床面から直に立っていた。だが、この石の存在はそれとも異なる。これは何なのだろうか。一見すると、古典主義建築の柱台のようにもみえるが、ファサード全体のプロポーションを確認すると、古典主義の柱礎にも近い高さで作られている。

　立面全体をみてわかることは、建築の上部も、古典主義のディテールのように形作られているということだ [11]。古典主義では、柱の上には、エンタブレチュアと呼ばれる水平材があり、それはさらに細かく見ると、コーニス、フリーズ、アーキトレーヴの3部分からなる。安田銀行では、その3

［左上］**8**──パラッツォ・ドリア・パンフィリ（ローマ）の柱頭。百合のシンボルで飾られている。
［右］**9**──アメリカ合衆国国会議事堂（ワシントン）内部のとうもろこしがあしらわれた柱頭。柱身は茎を束ねたような形。
［左中］**10**──蓮弁の装飾が施された礎盤
［左下］**11**──安田銀行の上部。プロポーションはかなり異なるが、古典主義建築のエンタブレチュアに類似した3部分から構成されている。

部分に相当する部分のプロポーションは異なるが、古代の神殿でフリーズにしばしば文字が書かれていたように、ここにもかつて銀行名が書かれていた。

■ゴツゴツ仕上げの石の壁面

　ところで、この建物で、もっとも印象に残るのは、これまで見てきた円

柱やエンタブレチュアの細部より、ゴツゴツした石が積まれたような壁面だろう [12]。こういった石材は、第2章でも見たように、ルネサンスのパラッツォでもよくみられた。その代表例は第2章でもみたフィレンツェのメディチ＝リッカルディ宮 (1-2 [27]) である。ただし、そこでは階ごとに壁面の層が異なり (47ページ)、荒々しい石は低層のみで用いられていたのに対して、安田銀行では建物の下から上まで全部粗面に仕上げられているという違いがある。だが、構成は異なっていても、粗面仕上げの石という特徴的な意匠が共通していることは、安田銀行が古典主義建築のようにみえる理由のひとつになっている。

■「切断」のデザイン手法

さて、ここまで柱や壁といった、この建築の目立つところを順に見てきた。最後に、窓の下の小さな部分に着目したい [4][13]。窓の下をよく見ると、窓を支える腕木のような装飾が2つある。ここまでに見てきたものとくらべると、あまり目立たないかもしれないが、これは、この建築でもっともユニークな部分といってよいもので、先に見たメディチ＝リッカルディ宮の1階の窓のバリエーションのひとつと考えられる [解説1]。

解説1 | 跪座の窓 (ひざまずいた窓)

　フィレンツェのメディチ＝リッカルディ宮は15世紀半ばにミケロッツォの設計で建てられたが、16世紀初頭の改築で中庭へ続く開口部が閉じられ、そのための窓がミケランジェロによって設計された [14]。この窓は16世紀当時より〈跪座の窓 (ひざまずいた窓)(フィネストラ・インジノッキアータ)〉と呼ばれ (その呼び名の由来としては、その形が跪いているように見えるからという説と、ちょうどその頃からフィレンツェ市民がメディチ家に跪かなければならなくなったことに対する皮肉だという説とがあったという)、当時の人々に大変な驚きを持って受け止められた。こういったスタイルの窓はフィレンツェで流行し、数多くのバリエーションが生み出されたが [17][18]、ミケランジェロのデザインは、その後につくられたどれよりも斬新で抽象的なものである [15]。

[左] 12——壁面は粗面で仕上げられている。
[右] 13——安田銀行の窓台の形。 左右2つの持ち送りで支えられ、中央には四角いパネルがある。

[左] 14——メディチ=リッカルディ宮の「跪座の窓」（フィレンツェ）
[右] 15——「跪座の窓」の持ち送りを横から見たところ。 表面には何も装飾がなく、抽象彫刻のような形。

16——ヴィニョーラの建築書のコリント式エンタブレチュアに描かれた持ち送り。 反転する2つの渦巻という形は、水平方向の張り出しを支えるためには理にかなっている。
図版出典：ジャコモ・バロッツィ・ダ・ヴィニョーラ『建築の五つのオーダー』長尾重武編、中央公論美術出版、1984年、p. XXVI

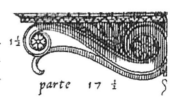

この窓は、16世紀初頭、この建築の改築の際にミケランジェロがデザインしたもので、窓台を支える特異な持ち送りの形［15］から、〈跪座の窓（ひざまずいた窓）（フィネストラ・インジノッキアータ）〉という呼び名が付けられた。持ち送りにみられる「反転する2つの渦巻」は、水平方向の張り出しを支えるためには理にかなった形［16］だが、ここでは水平のものが垂直に90度回転させられ、さらに長く引きのばされている［15］。こういったスタイルの窓は、その後流行し、数多くのバリエーションが生み出されたが、この安田銀行の窓もそのひとつとみなすことができる［4］［13］。どれにも共通して、窓のすぐ下のところに丸いふくらみがあり、また、正面から見ると、中央

17──パラッツォ・ピッティ
（フィレンツェ）の持ち送り

18──フィレンツェ市内の持ち送りの例

［左］19──「跪座の窓」の下部を正面から見たところ。中央には四角いパネルがある。
［右］20──パラッツォ・ピッティの窓の下部を正面から見たところ。中央には四角いパネルがある。

には四角いパネルがある[19][20]。ただ、安田銀行にしかみられない特異な形がひとつある。ここではどういうわけか、そのふくらみ部分が、鋭利な刃物ですばっと切断されたかのようになくなっているのだ[4]。数多く生みだされたバリエーションの中でも、このような形は他に例がないのではないだろうか。

たしかに、このふくらみのうち、窓台より突出した部分は構造的には必要がない。それならば切ってしまえばいい、というのもひとつの道理だ。必要ないものは邪魔なだけだとばかりに、無駄なものをすばすば切っていったら、さぞ気持ちいいだろう。この形からは、デザインにおける、そんな痛快な遊戯性がみてとれる。同時に、この形は、寺社建築の斗栱の先端を連想させるものでもある。

このように、オリジナルのデザインと比較することで、この建築における、「切断」というデザイン手法が見えてくるが、他に、扉の周りや、壁面にも切断したようなデザインがある[21][22]。窓台や壁面、馬車道側の扉周り

[左] 21——安田銀行の馬車道側の扉周りにみられる、切断されたようなデザイン
[右] 22——安田銀行の馬車道側の窓にみられる、切断されたようなデザイン

も、切断したようだ。さらに、先に見た、柱礎のない柱もまた、「柱の片側を切断した」状態である、と解釈することもできる。

■ 見事な日本のマニエリスム

こうしてみてくると、実にユニークな建築だ。柱頭には東洋のモチーフが取り入れられ、細部には独創的なデザインが組み込まれている。それでいて、一見すると、正統的な古典主義建築にみえてしまう。これほどまで違和感なく全体をまとめ上げる設計者の手腕には、感服させられる。明治時代には日本人は西洋の様式をひたすら懸命に学んだが、昭和初期のこの建築では、古典主義の規則を深く理解した上で、ここまで巧みに独自のデザインが取り入れられた。その手法は、まさにマニエリスムのようだ。

それにしても、この大胆さはどうだろう。たしかに、日本は開国以来、それまでの価値観がひっくり返るような変化の連続だったかもしれない。とはいえ、東洋の柱を逆さにしたら西洋の建築オーダーになる、などと言い出したら、さすがに周囲からあきれられるだろう。しかし、この建築は、その姿を堂々とみせている。このファサードは、お寺の柱を切りとって逆さに立ててみたといわんばかりではないか。目の前に立つと、本当にこれでいいのか不安になるほどだが、それでも安田銀行は今日も平然と建ち、人々の驚く視線を待っているようだ。

第2章〜第5章　掲載建物所在地
（神奈川県横浜市中区）

0m　　　　　　　500　　　　　　　1000

大さん橋

みなとみらい21新港地区

海岸通り

● 旧英国総領事館

横浜高速鉄道
みなとみらい線

旧安田銀行横浜支店

旧露亜銀行横浜支店

馬車道

日本大通り

本町通り

南仲通り

旧三井銀行
横浜支店

旧横浜正金銀行
本店本館

弁天通り

馬車道

日本大通り

横浜市営地下鉄ブルーライン

関内

JR京浜東北線

関内

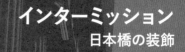

インターミッション
日本橋の装飾

1. 柱から古典主義を学ぶ

インターミッションでは、日本橋界隈にある近代建築の装飾を細かく観察する。まずとりあげるのは、現存するもっとも古い洋風建築の日本銀行本店本館 (1896年) だ。これは柱を中心としたデザインのシステム、すなわち古典主義を採用している。その起源を遡ると、古代ギリシアに発明された様式が、明治時代の日本にたどり着いたわけだ。つまり、オリンピックと同様、世界に広がった古代ギリシアの産物だ。

とくに装飾が繊細なのは、葉っぱの模様がついた柱頭であり、これをコリント式という。由来については、ローマ時代の建築家によって、以下のエピソードが伝えられる。コリントゥス地方の少女が病で亡くなり、乳母が彼女のお気に入りの品々を入れた籠を墓の上に置く。その後、アカンサスの葉が地面から生え、籠を包む。その状態を目撃した建築家が、柱頭デザインの参考にしたという。

もう少し引いた視点で柱を観察すると、本館・2号館・3号館の柱は2階と3階をぶち抜く大オーダーになっている。通常、柱の高さは1層分だから、よりダイナミックなデザインだ。また柱は2本ずつ対になったペアコラムという形式をもつ。ゆえに、従来の1本ずつの柱よりも、華やかな印象を与える。こうした大きな柱のペアコラムは、劇的な空間を演出するバロック建築で好まれた手法であり、日本銀行の壁面から少し突出した部分を強調するだろう。なお、コリント式の円柱は上層のみに使われ、1階は簡素な柱頭をもつドリス式の付柱なので、両者の違いも確認して欲しい。日本銀行は、古典主義の基本である柱のデザインと、その構成方法の応用パターンを知るのに、ちょうど良い建築である。

［上］日本銀行本店2号館・3号館の側面／［下］アカンサスの葉

2. 手摺り子を比較する

建築のかたちは機能と慣習から決定される。例えば、欄干は高所から
の人の落下防止のために、反復する縦材とその上の横材を組み合わせる。
こうした基本的な形式は、機能にもとづくものなので、洋の東西を問わな
いが、細部のデザインは文化圏によって大きく違う。日本の古建築では赤
く塗られていたり、縦材の水平断面が矩形のものが多い。しかし、西洋
の古典主義の建築では、縦材＝手摺り子が丸みを帯びている。これを「バ
ラスター」と呼ぶ。日本橋のエリアでは、日本銀行の屋上（道路面から遠いの
で、正確に観察するには望遠鏡が必要かもしれない）や、日本橋の高欄において古
典主義系の手摺り子を確認できる。一見、同じようなデザインだが、両者
を比較すると、細部が異なる。

まず一般的には手摺り子の水平断面が円形のタイプが存在する。チェ
スの駒や壺のような回転体を想像してもらうと良いだろう。なお、バラス
ターの語源は、丸みを帯びた回転体になっている「ざくろの花」である。
しかし、日本銀行と日本橋の手摺り子は、いずれも水平に切ると、矩形
の断面だ。もっとも、日本銀行はカーブが連続する輪郭をもつのに対し、
日本橋は曲線のパターンが途中で切り替わるために、水平のラインが入り、
分節される。ゆえに、前者がよりなめらかな印象を与えるだろう。日本銀
行の手摺り子は下から見上げるものだが、日本橋のそれは足元に並び、そ
の横を歩くことから、細かいデザインの差が生まれたのかもしれない。ま
た日本銀行の手摺り子は、古典主義のオーダーを縮小したような構成をも
ち、ドリス式の柱頭＋真ん中が膨らんだ短い柱身＋柱礎という風にも解釈
できる。

［上］日本橋の手摺り子／［下］日本銀行の屋上の手摺り子

3. 日本橋における和風の装飾

　日本橋の意匠は、しばしば「ルネサンス様式」と説明されている。だが、この表現は適切ではない。そもそも「再生」を意味するルネサンスとは、西欧の近世において古代の文化を復興する運動だった。特に建築の場合は、遺跡として残っていた古代ローマにおける古典建築を観察し、そのデザインを教会、邸宅、宮殿などに応用したものである。つまり、ルネサンス様式は古典主義のひとつの様態なのだが、一度失われた過去のデザインを「再生」したことが重要だ。したがって、西洋のデザインを輸入した近代日本で、ルネサンスというのは意味的におかしい。もちろん、ルネサンスの時代の建築に好まれた円形プランなど、特徴的な意匠がまったくないわけではないが、少なくとも日本橋のデザインにはそれがない。

　ゆえに、日本橋は、アーチや手摺り子など、古典主義の特徴を備えているとまでは言える。だが、純正な古典主義でもない。人が歩く目の高さでは、むしろ随所に和風の意匠をちりばめているからだ。例えば、橋の端部にある袖柱の抽象化された擬宝珠や唐獅子の彫刻である。首都高に挟まれた中心の柱は、麒麟に目を奪われがちだが、その上を見よう。下から順番に、飾金具付きの長押、松風の意匠、鉄輪を咥えた獅子、斗栱、木鼻、蓮弁、雷紋、渦文のある木鼻などを積み重ね、5つの格子模様の丸い照明を支えている。これらは基本的に日本の古建築に由来するモチーフだ。しかも精密な装飾であり、和風であることを強調したのは間違いない。つまり、日本橋のデザインは、近代的に再構成された日本の意匠と古典主義の折衷とみなすべきである。もしくは、「和のルネサンス」なのだ。

日本橋の中心の柱

4. 不滅のキーストーン

　日本橋は、ルネサンス様式というよりも、むしろ和風と古典主義の折衷であると指摘した。ちなみに、橋を渡っていると、あまりよく見えない部分に洋風のモチーフが存在するが、水上から船にのって観察すると、2つのアーチが連続する形式がはっきりと認識できるだろう。日本の伝統建築は柱梁による軸組の木構造であるのに対し、西洋は石やレンガを使う組積造を基本とし、弧に沿って圧縮力を伝えるアーチが安定した構造をつくる。もちろん、日本の橋でも、5連の木造アーチをもつ錦帯橋や、昔の日本橋がそうであったように、太鼓橋といった形式は存在するが、明治期に架け替えられた日本橋の場合は、表面がやや粗い表情の石を連続させる、れっきとした西洋風のアーチだ。

　アーチの頂部にある台形の石を要石（キーストーン）という。アーチの構法では、まず木の型枠を準備し、その上に両端から石やレンガを積み、最後に中央で要石が入ると完成する。まさに構造の要となる石だ。ともあれ、上が広く、下が狭い台形のかたちを覚えると、ほかの様式建築でも発見するだろう。日本橋界隈だと、三越本店本館の風除室や、日本銀行の1層目の外壁に、アーチと要石がある。後者をさらに観察すると、アーチではない、矩形の開口の上部にも、台形が認められる。こうなると、もはや本来の構造的な役割を失い、記号化された要石と言えるだろう。三越の事例も装飾的だ。だが、記号化され、本来の意味が理解されなくなっても、なお使われる要素こそが、実は最も生き残るデザインだ。したがって、洋風を意識した現代の商業建築などでも、ときどき見いだせる。

［上］日本橋の要石／［下］日本橋のアーチ

5. 玄関の華やかな柱頭

　日本銀行が厳格な古典主義だとすれば、日本初の百貨店として登場した三越本店はそれを自由に崩したデザインである。やはり、信用第一のお堅いイメージの銀行に対し、買い物をしてもらう商業施設は、リラックスした雰囲気が必要だろう。これは日本橋に限らず、日本近代の様式建築において一般的に認められる傾向である。ここでは正面玄関に注目したい。有名なライオン像の真横と背後には、ドリス式による小さい円柱が並ぶ。古代ギリシアに由来するドリス式の柱は、目立つ装飾がなく、もっともシンプルなデザインの柱頭をもつ。本来はもっと太いプロポーションで力強いものだが、この場合はむしろ、ひょろひょろと細長く、華奢な印象を与える。オリジナルを変形した個性的な翻案と言えるだろう。

　玄関を抜けると、商業空間の前に小さい風除室に入るが、ここのデザインはとても濃密である。視線よりも高い位置に、イオニア式による極小の柱が見つかるはずだ。イオニア式の柱は、2つの渦巻がついた柱頭や溝が彫られた柱身が特徴である。このモチーフは、ローマ時代のウィトルウィウスによって、女性の巻き髪や衣装のドレープになぞらえられていたが、なるほど、無装飾のドリス式に対し、フェミニンなデザインだ。ともあれ、女性客が訪れる百貨店らしい柱かもしれない。風除室では、もうひとつ別のタイプが存在し、角柱の頂部を金色の装飾で包んでいる（プロポーションを整えるために、両側に小さい付柱があるようにも見える）。これは花や渦巻を組み合わせているが、アカンサスの葉はないので、コリント式とも違う。百貨店の華やかさを演出するための独創的なデザインである。

［上］風除室の角柱の頂部／［中］風除室のイオニア式の柱／［下］正面玄関のドリス式円柱

6. 三越本店のメダイヨン

　三越本店の玄関から、視線を上に向けると、てっぺんの近くに丸いフレームを掲げている。これをメダイヨンと呼ぶ。建物全体を引いて見るために、向かいの道路から観察すると、左側の増築部分ではない、右側のもとのヴォリュームの中心に位置している。すなわち、ファサードの構成からも、これが重要な部分であることが示されているのだ。メダイヨンとは、フランス語でメダルのことだが、外観、インテリア、家具で使われる円もしくは楕円のかたちをした枠組も意味し、その内側に何らかの装飾的なレリーフや絵画をおさめる。これは古典主義建築のヴォキャブラリーのひとつであり、三越本店のように、しばしば正面の中心軸の上部に使われ、視線を集める意匠上のアクセントとして活躍している。

　日本近代の様式建築でも、迎賓館赤坂離宮や奈良国立博物館などの上部に使用例が認められる。三越本店で興味深いのは、メダイヨンの上から小さい柱が伸びて、三越の赤い旗をなびかせていること。西洋では見かけない展開例だろう。さらにオリジナルなのは、金色の大きな漢字で「越」を入れていること。西洋の場合、メダイヨンは、歴史的に培われた寓意のパターンからモチーフを選ぶことができるが、同じ伝統を共有しない日本に様式建築を導入した際、何を入れるのかが課題となる。そこで文字を入れるという独自のデザインを試みたのではないか。西洋のメダイヨンはアルファベットの一文字を入れないが、象形文字は相性が良いかもしれない。ちなみに、日本橋の髙島屋も、中央の正面にメダイヨン状のリングがあり、そこに「髙」の文字を入れている。

［上］三越本店のメダイヨン／［下］迎賓館赤坂離宮のメダイヨン

7. 精巧なペディメントと家紋

　日本銀行と道路を挟んで向き合う三井本館（1929年）も、古典主義の建築である。そして三越本店と違い、和風の要素が混入していない。日本銀行にもフロアをぶち抜くコリント式の大オーダーは認められたが、三井本館の方が、地上からすぐに柱が立ち上がるため、さらに巨大でダイナミックな大オーダーを反復している。古典主義の起源となるギリシアの神殿ならば、正面の列柱の上に緩い勾配のペディメント（三角形の破風）がのるが、これは屋根が平坦である。しかも上部ではなく、柱の足元をよく観察すると、小さい扉の上に、ペディメントがつく。実際、古典主義ではドアや窓の上も、ペディメントを使う。三井本館では、歩行者からの距離が近いこともあり、かなり精巧な装飾をもつ。

　さて、ペディメントの中心軸には、唯一、非古典主義的な要素が配されている。4つの正方形を組み合わせた「四ツ目結」だ。これは江戸時代に武家だったときから用いられた三井家の紋である。四ツ目結の両側には、アカンサスの葉と渦巻が、ペディメントの枠組に従いながら展開している。そしてペディメントの両端部には、パルメット（棕櫚の葉を放射状に配置し、扇形に広がった模様）と植物で構成された棟飾りがつく。再び、三井本館の最上部に注目しよう。2段の軒装飾では、やはりパルメットやアカンサスのモチーフを使う。また一番上の軒装飾の角に、ペディメントのものと同型の大きな棟飾りが認められる。すなわち、上部と下部で同じ要素が共鳴しているのだ。

［上］三井本館の扉の上のペディメント／［下］三井本館のファサード

8. グリーク・リバイバルとしての三井本館

　次は三井本館の大オーダーの足元、すなわち柱礎に注目したい。外側に膨らんだ部分として、まず下に水平の台にのった円盤があり、その上に凹型の繰形を挟んで、もうひとつの円盤が認められる。下の円盤はシンプルだが、上の円盤はギザギザの輪郭（小さい凹型を反復）をもち、複数の稜線によって細かく分節されている。じつはこうした意匠は、古代ギリシアの建築の特徴だ。一方、すぐ近くの日本銀行の柱礎を観察すると、上下の円盤ともに簡素である。これはルネサンスやバロックの建築と同じタイプのディテールだ。ギリシアもルネサンスも、すべて大枠では古典系という括りに含まれるが、この微妙な違いは西洋建築史や世界史の展開、さらには三井本館と日本銀行のそれぞれの設計者の背景を反映している。

　ルネサンスは古代を再生させる運動だったが、建築家は古代ローマのすでに簡略化された柱礎の円盤を参考にしていた。なぜなら、当時のギリシアはオスマン帝国の支配下にあり、情報にアクセスできなかったからである。その後、18世紀にオスマン帝国が弱体化すると、ヨーロッパからギリシアに入って遺跡の実測調査を行い、その記録が刊行された。これに触発されて、ギリシアのリバイバルとして新古典主義のブームが起きる。これはアメリカ建国時の流行でもあり、アメリカで積極的に受容されたデザインだ。なお、三井本館を設計したのは、アメリカの設計事務所である。つまり、アメリカ経由で日本にギリシアが入ってきた。一方、日本銀行を設計した辰野金吾はイギリスで学び、ヨーロッパを旅行し、ルネサンスの建築を吸収している。すなわち、東まわりか、西まわりか、という2種類の伝達ルートだ。小さなディテールに世界の歴史が宿っている。

三井本館の列柱の足元

9. 髙島屋本館の和洋折衷

　日本橋髙島屋S.C.本館（1933年）は内外ともに、工夫された装飾がちりばめられており、ひとつずつ向きあうと、様々な読解をうながすだろう。が、残念ながら、しばしばルネサンス式、もしくはアール・デコに和風も取り入れたくらいの大雑把な説明しかされていない。もっとも、「ルネサンス」と括るのは慎重にすべきという点は、日本橋をとりあげたときにも指摘した。髙島屋本館は古典主義を崩しながら、和風の意匠を組み込んでいるのだが、個別の細部において具体的にどのようにデザインを操作したかを記述しないと、緻密に設計した高橋貞太郎がかわいそうである。

　そこでまずとくに意匠が集中する正面玄関を分析しよう。例えば、日本建築の軒下を支える斗栱のモチーフを確認できるが、注目すべきはその下の3分割したパネルである。これは古典主義のトリグリフ（3つの縦帯によって構成される）とよく似ている。とすれば、和洋を直結させた独創的な意匠だ。また玄関の上部には浅いアーチ（＝西洋的なデザイン）があり、その頂部に寺院建築に使われる蟇股（カエルが股を開いたような造形に由来）と間斗束を重ねあわせたようなモチーフがのる。これもユニークな和洋の共存だろう。設計者は細部のデザインを説明した文章は残していない。だが、部材を観察すると、その意図を読み解くことはできる。すなわち、かたちがわれわれに語りかけているのだ。

[上] 髙島屋の正面玄関／[下] アーチ上部に蟇股

10. 軒下の細部に注目する

　1930年代、ナショナリズムの勃興を受けて、建築において日本的なものを表現する際、上野の国立博物館本館のように、近代的な躯体の上に瓦屋根をのせる手法が登場した。いわゆる「帝冠様式」と呼ばれるデザインである。同時代に設計された日本橋髙島屋も、和風を導入しているが、その手法は違う。まず大きな屋根がない。おそらく百貨店としては、屋上を有効に使える空間にしたかったからだろう。ゆえにフラット・ルーフだったが、日本庭園や小さな神社などは設置されている。また屋上のエレベータ室の外観や内観に、斗栱、板蟇股、粽、折上天井などの伝統的な建築のモチーフを組み込む。当時、エレベータは新しい装置だったが、同時に格式を与えるためだろう。現在も、これらのデザインは確認できるので、ぜひ屋上を散策することをお勧めしたい。

　髙島屋では、瓦屋根の代わりに、軒下に興味深い意匠が認められる。北側の頂部を見あげよう。軒下では、木造建築に使われる垂木のモチーフが平行に並ぶ。密になった配置は、繁垂木の形式だ。ただし、丸い角部は放射状に並べる隅扇垂木としている。そこから視線を下に向けると、肘木、釘隠し風の意匠、雷文、六葉などの細かい和風デザインが確認できる。だが、ここで一筋縄でいかないのが、髙島屋の奥深いところだ。すなわち、軒下における3連のアーチである。これはどう考えても、日本の伝統建築のヴォキャブラリーではない。要石をとりあげた日本橋（104ページ）でも説明したように、石やレンガによる組積造ならではの形態である。つまり、正面の玄関まわりと同様（114ページ）、純粋な和風を狙ったわけではなく、西洋風を混入させたひねりのデザインなのだ。

［上］髙島屋の隅部の軒下／［下］屋上のエレベータ室

11. スターツ日本橋のポストモダン

　道路を挟んで、日本橋髙島屋S. C.本館のはす向かいにたつスターツ日本橋（1989年）を一見しただけだと、部分的に古典主義の意匠をとりこんだ建築であることしかわからない。しかし、その背景を知ると、興味深いデザインの操作が行われている。これは旧川崎銀行本店（1927年）を建て替えたものだが、その際、もとの要素を部分的に使いながら、自由に再構成しているからだ。例えば、道路に面した窓の下に、手摺り子が並んでいるのが認められる。が、よく考えるとおかしい。1階に手摺りは不要である。実はもとの建築において、2階の窓に付いていた手摺り子が位置を変え、歩行者から見えやすい地上のレベルに降りてきたのだ。その結果、本来の機能を完全に失い、過去の記憶をとどめる純粋な装飾になったのである。

　他にも不思議な部分がいろいろあるのだが、もうひとつ紹介しよう。正面の中央に4本並ぶ、コリント式の円柱に注目すると、柱頭や柱礎に分割線が入っている。これももとの建築の2階にあった大オーダーを転用したものだ。もっとも、オリジナルは円柱ではない。半分のヴォリュームしかない付柱だったために、2つを合体させることで、ようやく独立した円柱になる。ゆえに、分割線が存在するのだ。スターツ日本橋が竣工した1989年は、ポストモダンのデザインの最盛期である。モダニズムは様式建築の装飾を否定したが、ポストモダンは復活させた。そして過去の要素を自由に引用し、組み替える。ただし、スターツ日本橋は記号としての引用ではなく、モノそのものを再構成した。設計者の若松滋によれば、「国際都市東京の中で、過去の時系列に属する時間を新しいかたちで混在させようとする試み」だったという。

［上］道路に面した手摺り子／［下］合体した柱頭

12. フィリップ証券と山二証券の自由な意匠

　兜町に特徴的な装飾をもった証券会社のビルが2つ隣接して並ぶ。まわりの大きなビルに比べると、かわいらしいサイズの山二証券 (1936年) とフィリップ証券 (1935年) である。だいぶ作風は違うが、いずれも同じ建築家、西村好時が設計したものだ。先に右側の古典主義をやや変形した建築を実現しているから、おそらく続く左側の建築では、それぞれの個性を際立たせるために、あえてもっと逸脱したデザインを試みたのだろう。フィリップ証券 (旧成瀬証券) は、フロアをぶち抜く、4本の古典主義風の付柱が、ファサードの全体を支配し、やや固めの印象である。もっとも、柱頭はドリスやイオニアなどの正式な形式を採用せず、幾何学的に処理され、平面的なデザインだ。ほかにも頂部や玄関まわりで、古典主義の要素を独自に再解釈している。

　一方、山二証券 (旧山二片岡商店) の西側のファサードは、石積みの表現になっている1層目こそ、ややクラシックだが、オーダーを使わず、全体的に自由なデザインだ。例えば、装飾的な曲線の縁どりのある上部の丸窓、2階・3階のスクラッチ・タイルによる壁面、屋根のスペイン瓦、角にあるひも状の文様が入った極細の柱モチーフ、渦巻が付く丸みを帯びた玄関のペディメント、その上部のロンバルディア帯 (小アーチの連続) などである。この建物は3面から見学可能だが、北側は玄関の両側にらせん状の筋が入った中世風の小さい柱も付く。銀行や金融関係の建築は、重厚な古典主義を好む傾向をもつが、山二証券はむしろ非古典主義、すなわちヨーロッパ中世のロマネスクなどに由来するデザインを導入し、遊びの感覚や軽やかさを表現している。

［上］山二証券を角から見る／［下］山二証券とフィリップ証券の正面

建築を思考するフレームワーク

様式論 2

1. 擬洋風を考える[開智学校]

■「擬洋風」とは何か

「擬洋風」、すなわち洋風もどきという言葉がある。これは明治時代になって日本が一気に西洋の文化や技術を受け入れたときに発生した建築のスタイルをさす。では、それまで存在しなかった西洋建築はどのように流入したのか。まず直接的にヨーロッパから建築家を招聘し、彼らに設計や教育を依頼した。いわゆるお雇い外国人である。例えば、イギリスから訪れ、鹿鳴館や湯島の岩崎久弥邸（1896年）などを手がけたジョサイア・コンドルが有名だろう。彼は帝国大学で建築学を教え、西欧の様式を伝授したが、一方で上野博物館（1881年）ではインドのイスラム様式を混入させた。なぜか。和洋をつなぐためには、地理的にヨーロッパと日本の中間にあるエリアのデザインがふさわしいと考えたからである。むろん、日本の伝統建築を理解していくなかで、コンドルはやがてこうしたやり方を採用しなくなるが、西洋の様式を日本でどう展開させるかは難問だった。

次にコンドルに学んだ建築家の努力が挙げられる。彼らはさらにヨーロッパで働いたり、旅行をするなどして、本場の様式を吸収した。例えば、辰野金吾が設計した東京駅（1914年）である。これを詳細に観察すると、必ずしもヨーロッパの建築の正確な模写ではなく、独自の解釈や自由に崩した部分もなくはないのだが、一般的な日本人には本格的な西洋建築だと認識されていた。わざわざ「本格的」という言葉を使ったのは、擬洋風との差別化が行われているからである。つまり、アカデミックな教育を受けた建築家に対し、在野の大工が見よう見まねで建てた西洋館は、擬洋風と呼ばれているのだ。こうした状況は、官の系譜に対する民の系譜というかたちでも説明されている。前者は西洋と肩を並べる都市の顔をつくるべく、国の使命を受けて、帝国大学卒の建築家が手がけた迎賓館赤坂離宮や日本銀行、後者は主に民間の努力でつくられた各地の学校だ。

もっとも、やはり擬洋風という言葉にはやや蔑んだニュアンスがある。例えば、伊東忠太は、こうした建築を「鵺的」や「珍奇」と形容した。また建築史家の稲垣栄三は『日本の近代建築』(鹿島出版会、1979年)において「稚拙な模倣」、あるいは「木造の「洋風建築」は、建築の出来ばえとして高く評価することは困難であろうが、当時はかえって煉瓦造よりも、その大衆性と通俗性のゆえに愛された」と記している。ジブリの人気映画を見ても、『となりのトトロ』のサツキとメイの家[1]のように、なかば唐突に手前の洋風部分と奥の和風家屋の合体した建築が登場しているから、現在もこうしたデザインは人気があるだろう。とはいえ、その雑種性ゆえか、アカデミズムからは評価が低かった。自分たちの先輩が設計した西洋建築はちゃんとした研究と調査を踏まえたものだが、大工の試みはあくまでも擬似的な洋風でしかないというのだ。しかし、完全なコピーをめざさなかったからこそ、オリジナリティもあったのではないか？　例えば、弘前の堀江佐吉による旧第五十九銀行 (1904年) [2]などは、独自のクオリティをもつ。

　ところで、以前、大学で複数の学生が設計のプレゼンテーションにおいて、辰野らの様式建築を擬洋風だと発言した場面に遭遇した。一応、これは日本の建築史的には間違った認識なので、その場で間違いであることは指摘した。が、もっと大きな視野で考えた場合、知識不足による学生

[左] 1——アニメの舞台を再現したサツキとメイの家 (愛知県)
[右] 2——旧第五十九銀行本店 (青森銀行記念館)

の直感は興味深い論点になるかもしれない。すなわち、古典主義の本場であるイタリアから見れば、辰野の東京駅も、大工の手がけた学校も、遠いアジアの国における擬洋風だという認識もありえるのではないか。もちろん、完成度は違うが、少なくとも学歴にもとづく、正式な本格派vs誤読だらけの擬洋風という二項対立でとらえるのではなく、これらはグラデーションの中で段階的に位置づけることも可能だろう。ヨーロッパの内部でも、様式は一枚岩ではなく、国や地域によって偏差が生じている。様式は、機械的に命名しにくいものなのだ。

■開智学校の和洋折衷

　擬洋風の嚆矢として知られるのは、棟梁の清水喜助が関わった築地ホテル館（1868年）や第一国立銀行[3]である。ヴェランダ、なまこ壁、そして中央の塔。かつての日本建築のヴォキャブラリーにはない要素を組み込んだ、和洋折衷のデザインだった。ちなみに、彼は大手ゼネコンの清水建設の祖でもある。様々な建築の制限が課せられていた江戸時代が終わり、大工にとっても明治時代に入ってきた西洋のデザインは新しいものをつくろうというチャレンジ精神をかきたてたに違いない。しかし、これらの建築は残念ながら、もう消えてしまった。

　もっともよく知られる現存の建築が、重要文化財に指定されている松本市の旧開智学校（1876年）[4]である。この一帯は、日本一の就学率を誇っていたが、寺を間借りした学校ばかりだったために、新築することになり、主に松本町民からの寄付で建設された。廃仏毀釈に伴う寺の古材売却金も使い、松本城以来の大工事になったという。なるほど、2階建てで、さらに時刻を示す鐘を吊るした八角塔が中央に聳えるのだから、明治期における地方の街としては高層建築である。てっぺんの風見柱まで含めると、約25mに及ぶ。間違いなく、ランドマークだったはずだ。近代以降の小学校建築は、しばしば中央に時計台をもつようになるが、開智学校が時

計ではないとはいえ、すでに鐘塔を備えていたのは興味深い。後述するが、その意義としては、寺院から学校へ、という読み替えも指摘できるだろう。なお、八角塔の上には、それぞれの方角を示す、「東」「西」「南」「北」の金属板 [5] もついていた。

3——第一国立銀行の模型

5——方角を示す金属板

4——旧開智学校の正面

高さだけではない。中央のヴェランダと車寄せ、オーダー風に溝が入った玄関の柱、わざわざ石造に見えるようにした壁の仕上げ（実際は木造）、東京で買い付けたフランス製の着色焼付のガラス（当時はギヤマンと呼ばれた）、2階や塔におけるアーチの窓（頂部には要石らしき意匠も入る）、かなり細長く引き伸ばされた白い手摺り子など、それまでの伝統建築にはない要素をちりばめ、意匠も斬新だった [4][6][7]。透明な板ガラスも、すべて輸入品を用いている。なお、教室は椅子式を導入しており、身体の体験としても、西洋のスタイルを導入していた。またプランは廊下の両側に教室が並ぶ、中廊下式である。そもそも、江戸時代から寺子屋や、岡山の閑谷学校のような藩が運営する学問所は存在したが、明治期の日本にとって、西洋の教育制度とともに導入された学校というビルディングタイプはまったく新しい施設だった。つまり、過去に参照すべきものがない。

　かといって、開智学校は西洋建築ではまったくない。そもそも純粋な洋館とは何かという疑問もあるが、全体の構成としては、昔から存在するような瓦葺きの大きな寄棟屋根のヴォリュームに対し、中心軸に細い塔を重ねあわせたものとして解釈できるからだ。そのほか、中央2階のヴェランダに張りだす唐破風 [8]、白漆喰仕上げの壁、虹梁や蟇股、桟唐戸、鬼瓦、竜の彫刻 [9] など、本来は寺院建築で使われる細部が存在する（ただし、雲形の表現は過剰）。もちろん、学校を寺に代わる新しい公共空間だとみなせば、こうした意匠の継承はまんざらおかしくないかもしれない。一方で当時の仏教界も、法隆寺ですら存続が危うくなった廃仏毀釈や神仏分離に対して、公共空間としての寺院の生き残りを画策していた。また材料のレベルでは、廃寺の古材が講堂の間仕切りや階段の円柱などに転用されている。ともあれ、開智学校は、単なる西洋建築の劣化コピーというよりも、むしろ積極的に異なる要素を融合させた新しいデザインの創造というべきだろう。

　設計を担当した棟梁は、代々松本藩に出入りしていた大工の家に生まれ

［上］6——玄関の見上げ
［下］7——2階の室内部分

た立石清重（1829-94）。彼は息子が東京医学校に入学していたこともあり、幾度か上京し、東京や居留地で最新の建築をスケッチしたノート「東京出府記」を残している。開智学校の仕事に際しては、東京で清水喜助の第一国立銀行、開成学校（1873年）、銀座の煉瓦街のほか、山梨の洋風建築も見学した。また「開智学校」の額板を両側から支えるふくよかな天使のレリーフ的な像［10］は、立石が定期購読していた絵入りの「東京日日新聞」（現在の毎日新聞）の題字イラストを2.5次元化したものである。

［上］8──中央の唐破風／［左下］9──室内の竜の装飾
［右下］10──日本化された天使のモチーフ

■材料を越境するかたち

　開智学校は木造だが、新しい時代の建築であることを示すべく、漆喰壁によって、隅部や基礎、あるいは塔のアーチや付け根の部分において石造を模している。もっとも、こうしたデザインの手法は、西洋の建築を受容した日本の明治期だけに発生した特殊事例ではない。むしろ、普遍的に観察できるものであり、西洋の歴史建築においても起きている。例えば、中世のフランスで誕生したゴシック様式の大聖堂は、海を越えて、イギリスに渡ると、しばしば木造の天井によって、石造のそれを模倣した[11]。また古代ギリシアの神殿は、当初木造でつくられていたが、後に大理石に転換する。それゆえ、デザインを観察すると、木造ならではのディテールが痕跡として残っている。

11──石造を模した天井をもつヨーク大聖堂

ヨーロッパの近代においても、ドイツの表現主義の建築として有名なアインシュタイン塔（1921年）[12]は、新しい素材として登場したコンクリートの粘土のような可塑性を意識し、エーリッヒ・メンデルスゾーンの設計は流動的な造形をめざしていた。しかし、第一次世界大戦後のセメント不足のため、塔は旧来の煉瓦造となり、モルタルを塗って、コンクリート風に見せている。アール・ヌーボーも、鉄という新しい素材の可能性を生かし、従来の装飾ではなく、ぐねぐねと曲がったデザインを志向したが、木材を用いた部分にも同じような曲線的な意匠を採用していた。すなわち、通常は素材の性質が合理的な形態を導くのだが、ときにはかたちへの強い意志の方が、素材の違いを超えて優先され、貫かれる。

　モダニズムの理想は、建築が正直であることを要求し、素材や構造をあらわすべきだと考えた。しかし、前述したような事例は、良質な石が採れるなど、地域ごとに豊かな自然材料が異なったり、資源が足りなくなることによっても起きる。例えば、戦時下の日本では、建材に鉄を使うことができなくなり、木造によるモダニズムのデザインが発達した[13]。これを本家と違う正統性に欠けたものと見るか、制限があるからこそ知恵を働かせたと考えるか。少なくとも擬洋風は、結果的にきわめてユニークなかたちを発明したことは事実だろう。西欧と同じであることが理想の100点とするならば、80点の優等生ではない。擬洋風は30点の落第生ではなく、同じ土俵にのらない、別のスタイルをつくりだしたのだ。

［上］12──エーリッヒ・メンデルスゾーンのアインシュタイン塔（ポツダム）
［下］13──戦時下の1942年に建設された木造モダニズムの傑作、前川國男自邸

2. 時間を操作する複製建築 [三菱一号館]

■ 様式建築のファサード保存

　東京・丸の内にある三菱一号館美術館 [1] は、擬洋風ではなく、ジョサイア・コンドルが設計した本格的な西洋建築とされている。もっとも、イタリアの古典建築と比較すると、外観は玄関まわりや、屋根に小さい簡素なピラスター (付柱) があるだけで、壁面にきちんとしたオーダーの反復は認められない (室内には独立した円柱はある)。また出入口のペディメント、1層目と2層目のアーチのほか、トリグリフ、グッタエ、要石 [2] などはあるものの、アーチは扁平だったり、スクロールの位置や形状はかなり個性的なものなので、イタリアから遠い国のデザインという印象を受ける。

　コンドルはイギリス人だから、当然かもしれない。また彼は25歳で来日するが、その途中でイタリアに立ち寄っただけなので (後にドイツとロンドンへの出張は行った)、それほど十分に時間をかけてルネサンスの本場を研究したわけではないと思われる。もっとも、だからこそ、ユニークな細部が認められるのではないか。例えば、トリグリフを分割する溝をよく見ると、ただ凹んではおらず、中央がまた尖っており、その下のグッタエもセオリーの6つ (292-293ページ) ではなく、5つである (割付を考えると、その方が中心軸を強調できる)。視覚的にシャープになる効果を優先したのかもしれない。また3層のそれぞれの開口 [3] にも、独自の工夫が認められる。1層目は、窓の両側にオーダーはないが、アーチが立ち上がる部分の意匠を柱頭風にして、オーダーを想起させるようなシルエットを演出した。2層目は、上部が両側に少しはみ出し、楣石風だが、扁平アーチになっており、要石が入る。そして3層目の窓の上部は、アーチではないが、3つの要石をもつ。

　ちなみに、ロンドンに行けば、もっと本格的な古典建築は今も数多く残っている。それどころか、各時代に活躍したトップ・アーキテクトによる建築があちこちに存在し、歴史が重層する街並みを形成している。例えば、

［上左］**1**——三菱一号館美術館
［上右］**2**——玄関の周辺
［下］**3**——3層のファサード

1666年のロンドン大火の後、セント・ポール大聖堂 [4] など、各地に教会を設計したクリストファー・レン (1632-1723)。あるいは、リージェンツ・パークなどを手がけたジョン・ナッシュ (1752-1835) や、イングランド銀行や自邸などの作品で知られるジョン・ソーン (1753-1837)。そして現在は、市庁舎やガーキンなど、ノーマン・フォスターによるハイテクのデザインのビル群が、ロンドンに現代的な景観を加えている。

しかし、東京ではそうはいかない。震災や戦災があったことも大きいが、仮にこれらがなかったとしても、そもそもスクラップ・アンド・ビルドが激しいからだ。ガラス張りの高層ビルの横で、三菱一号館だけがぽつんと存在し、かつて「一丁倫敦」と呼ばれた赤煉瓦のオフィスビル街の雰囲気を現代に伝える。ただし、正確に言えば、これはオリジナルではない。きわめて精密に再現されたレプリカ建築である。いや、クローン建築とでもいうべきか。すなわち、1894年にオフィスとして建設されたときの図面や写真資料、1968年に解体したときの実測図面をもとに、保管した部材を検証したり、再利用しながら、三菱地所設計の設計と竹中工務店の施工によって、2010年に美術館として蘇らせたものだ。

もちろん、外壁などの部分的な保存や復元はめずらしくない。内部は完全に新しい空間になるファサード保存、あるいは下層は昔の意匠としながら、いったんヴォリュームを分節し、その上部を高層ビルとする腰巻ビル [5] などは、むしろ丸の内周辺の再開発における常套手段だろう。例えば、日本工業倶楽部などがそうである。上部の高層ビルはしばしばガラス張りの現代的な透明なタワーになるが、視線を下層の装飾的な様式建築に引きつけ、それ自体は存在感を消すという意味で、いわば黒子のようなものだろう。明治生命館 [6] は、全面保存しつつ、その背後にガラスの超高層ビルを建てた。DNタワーのように、皇居のお濠に面した第一生命館 (1938年) の古典的なテイストを上層が継承し、外観を延長したようなケースもあるが、その場合でも、タワーの部分はいったんセットバック (後退) し、昔

［上］**4**——ロンドンの
ランドマークとして知ら
れる古典主義のセン
ト・ポール大聖堂
［中］**5**——ファサード
が保存された東京銀
行協会
［下］**6**——明治生命館
と明治安田生命ビル

から全体がまるごと存在していたという誤解を招かないよう配慮されている。ともあれ、建築のファサードにとって縦横の比率というプロポーションは、デザインの印象を決定づけるきわめて大事な要素であり、従前のイメージを毀損しないために、何らかの方法によって、上部の現代と下部の近代を切り離すことは有意義だろう。またこうしたヴォリュームの分節は、特に東京駅の丸の内側だと、ビルの下層部が高さ31mのスカイラインを共有し、かつての高さ制限いっぱいにつくられた近代の街並みの景観を連想させるという効果を発揮する。

■ 完全な新築による復元

だが、三菱一号館は、こうした手法とは、まったく別次元のプロジェクトである。なぜなら、一度完全に消え、ほとんど忘れ去られていた建築であり、周囲を行き交う人々が抱く街並みの連続的な記憶を継承したわけではない。むしろ、そこに直前まで存在した風景からすれば、唐突な断絶だろう。そしてもっとも特筆すべきは、表層だけではなく、全体を新しくつくりなおしたことである。設計者がどこまで意識していたかはわからないが、その行為はある意味で建築の存在論にまで射程が及ぶ、問題提起をうながすものだ。

ファサード保存ならば、外観以外は自由につくれるし、構造は現代のやり方を採用すれば良い。しかし、三菱一号館では、来館者が見えない部分であるにもかかわらず、煉瓦の組積造や木造の小屋組[7]を採用し、明治時代と同じ建設のやり方を踏襲している。当然、現状の法規のもとでは、丸の内において許可されない構法だった。しかし、免震装置の基礎の上に建てたり、屋根の下に耐火層をもうけることによって、特別に実現が認められたのである。またオフィスとして復元するのではなく、美術館として使うことがわかっていたのだから、最初から、本当は開くことができない偽の窓や、現行の安全基準にあわせたオリジナルよりも背の高い手すりをつ

くれば楽なのだが、そうした安易な道を選んでいない。復元としては嘘に
なるからだ。そこで、いったん昔のオフィスとして復元の設計をしてから、
展示室の仕様にするために、窓をつぶしたり、オリジナルの形状の石造や
鉄製の手すり[8]に対し、十分な高さをもつ透明な板を付加することなど
によって、美術館への転用もデザインしている。またわずかに保存された
部材をもとに、テクスチャーにもこだわった。その結果、現在では生産さ

[上]7──木造の小屋組
[下]8──手すりの工夫

れていない古いガラスやレンガなど、材料の調達にも苦労している。例えば、手による小叩き仕上げを行うために、国産の石を中国で加工し、外装石を用意したり、スペインの鉱山で屋根の天然スレートをつくったという。

　建築は社会の産物であり、それぞれの時代の技術を駆使してつくられるものだ。したがって、時代が異なると、建築は材料や構造、もしくは施工者のレベルで変化しており、いったん過去に失われた方法を再現することは大変な作業である。特定の素材の背景には、それを生産する仕組みがあり、またそれを扱う職人がいて、初めて建築に使われることが可能となるからだ。当然、明治時代と21世紀では、建設の方法がまるで違う。これは建築の面白さでもあり、常に最新のものがベストとはならず、それぞれの時代に異なる良さをもつ。

　テーマパークのように、表層だけの模倣はまだ楽なのだが、前述したように、三菱一号館ではそうしなかった。だったら、そもそも壊さなければ良かったと思うかもしれないが、三菱一号館が解体されたのは、高度経済成長の真っ只中である。当時は赤煉瓦の建築を保存すべきという意識が、まだ十分に醸成されていなかった。ともあれ、ここまで徹底的にレプリカ建築をつくるケースは、世界をみまわしてもめずらしい。ちなみに、建物の位置は、本来の敷地とまったく同じではなく、少しずれている。ゆえに、正確な場所こそが、建築のアイデンティティにとって重要だという立場であれば、見逃せない問題を残したプロジェクトになるだろう。

　場所が変わる移築は、保存の方法のひとつである。例えば、旧横浜銀行本店別館 (1929年) は、1ヶ月かけて約170m移動する曳家が行われ、その背後に高層部がある横浜アイランドタワーに生まれ変わった。また日本ではやはり高度経済成長期に存続の危機に陥ったフランク・ロイド・ライトが設計した帝国ホテル [9] の玄関部分などを受け入れた、野外博物館の明治村が有名だろう。1960年代後半にユネスコが音頭をとって、アスワンハイダムの完成によって水没するアブ・シンベル神殿 [10] を移築する途方

もないプロジェクトを実施したが、このときはオリジナルの巨石を動かしている。西洋の古建築は、石や煉瓦造だから、使われなくなっても、完全に消滅せず、しばしば壊れた状態のまま存続する。実際、西洋の保存では、部材の同一性が重視されている。一方で日本は木造建築ゆえに、焼失しなくとも、手をいれなければ、木は朽ち果て、やがて消えていく。奈良の平城京跡 [11] を歩くと、広い敷地に礎石が残っているだけで、それぞれの建築が壊れながらも、過去の姿を想像させる古代ローマのような廃墟の風景が成立しない。代わりに、きれいに復元され、ピカピカの第一次大極殿 [12] のほか、朱雀門や東院庭園が存在する。これらは半分壊れた状態ではなく、100%の新築だ。以上の背景を考えると、三菱一号館は煉瓦造とはいえ、日本らしい復元と言えるかもしれない。

［上左］9──明治村の帝国ホテル／［上右］10──移築された巨大なアブ・シンベル神殿
［下左］11──礎石だけが残る平城京跡／［下右］12──まるごと復元された平城京の第一次大極殿

■ 隔世遺伝と式年造替

　ここで思い出されるのが、20年ごとに隣の敷地に新しくつくりなおす伊勢神宮［13］の式年造替だろう。もっとも、三菱一号館は40年の空白があるから、同じ敷地における隔世遺伝とでもいうべきか。西洋の廃墟は、完成した建築が少しずつ朽ちていく、一直線に進む時間概念を感じさせる。一方、レプリカの生産を反復する伊勢神宮は、時間をリセットし、古いものであると同時に、モノとしては常に築20年以下という現代建築だ。20年の周期は新材の切り出しの際に行う山口祭に始まる、御杣始祭、御木曳初式、鎮地祭、立柱祭など、一連の行事を組み込むことにより、円環の時間をさらに強調している。また東西（左右）の敷地を交互に移動するのは、内宮・外宮の正殿と宝殿・御門・玉垣などの付属施設だけではない。風

13——伊勢神宮と次の式年造替で敷地となる古殿地の模型

宮・土宮・多賀宮から五十鈴川にかかる宇治橋までを含む、神域のあらゆる部分が同じ行為を模倣する。古い部材は交換され、新しい部材を用いて、同じ形式だけが維持される。

　式年造替は海外では類例がなく、日本の神社に特有な制度である。一度完成したら終わりではなく、定期的につくりなおすというシステムがあらかじめセットになった建築というべきか。これは現代の社会においては、あえて新築を繰り返すことによって、大工の伝統的な技術を継承するという意義もあるだろう。実際、最新の方法にアップデートしないことは、材料の確保に始まり、全国からすぐれた職人を集めることも含めて、大変な時間と作業を伴うプロジェクトだ。式年造替は、奈良時代の伊勢、住吉、香取、鹿島の４社にまで遡り、一度14世紀頃からシステムが乱れたものの、近世に再び形式化し、伊勢以外の神社でも実施されている。だが、とくに伊勢神宮はその様式デザインが「唯一神明造」と命名されているように、差別化をはかってきた。式年造替の始まりは祭礼の建築化だとも言われるが、いずれにしろ太古からの反復は、われわれにその遠い起源を想像させ、日本らしさを喚起する装置としても機能している。ただし、細部に至るまで、最初からまったく同じままではなく、実際は少し変化しており、後世に付加された部分もあると考えられている。また式年造替を行うエリアも、近代になって拡張しており、あらゆるものが昔と寸分違わないという伝統のイメージは幻想である。

　以前、筆者が伊勢を訪れたとき、壊される直前の状態を見ると、味があるというよりも、想像以上にボロボロだった[14]。逆に新しい建築は、シャープで美しい。なるほど、これなら20年でつくりなおさないと、正直ありがたさが減じると思った。また付属施設はわりとよく見えるのに対し、内宮・外宮の垣根の向こうがほとんど隠されていることも重要なデザインだろう。日本に伝来した仏教は、立派な寺院建築をもたらした。門や回廊の外からでも、五重塔や金堂は視界に入る。おそらく、当時の日本にとっ

ては高層ビルのような存在だ。一方、伊勢神宮の正殿はそれなりに大きい
のだが、外からだと、わずかに屋根の一部、例えば、千木の先端しか見
えない。が、これは幾重にも包み込んで、隠すことによってありがたさを
演出しているのではないか。神社の場合、鏡はあるけれど、内部に大きな
仏像彫刻があるわけではない。ゆえに、仏教とは対照的な空間演出を志
向している。

　おそらく、三菱一号館も解体時は、すでに老朽化した時代遅れのビル
に見えたのだろう。しかし、21世紀に入り、明治の建築を復元したのは、
時代がひとまわりして、赤煉瓦の様式建築に対する価値観が大きく変わっ
たことを意味する。もっとも、単に昔が良かったという保守的なデザインと
も少し違う。復元の原理主義を徹底したことによって、結果的にラディカ
ルな時間への問いを投げかける。オフィスとして復元しながら、美術館と
して使用したことも、いわば圧縮したリノベーションだろう。つまり、もしも
三菱一号館が1968年に壊されずに、そのまま残っていたとしたら、おそら
くこのような改造が行われていたはずだ。その結果、これは新築でありな
がら、失われた40年の時間の流れを感じさせる、パラレルな歴史をあら
かじめ抱えたデザインになっている。

14——伊勢神宮の外宮。多賀宮の新（左）旧（右）が並び、新築と解体前の
状態を比較できる。

3. ポストモダンと西洋の様式

■ 建築のサンプリング

「私たちは、桂もパルテノンも、カンピドリオもファテプール・シクリも、いずれも等距離にみえる時代と場所を生きている。……そこでは全建築史、いや全地球史さえ引用の対象たり得るのだが、問題は、あくまで引用されることによって本来の意味は失われ、新たに投げこまれた文脈のなかに、それが波紋のように別種の意味を発生させる、その作用こそが注目されているのであって、引用は本来的に恣意的なのである。」(磯崎新『建築のパフォーマンス』1985年)

　ポストモダンとは、近代(モダン)以後(ポスト)を意味する。一般的には、1960年よりも後の時代をさしており、要するに現代のことだ。では、ポストモダンの建築とは何か。20世紀前半のモダニズムが過去の歴史を否定し、全世界に同じような建築を普及させる運動だったとすれば、ポストモダンは再び歴史性や場所性を導入して、多様な建築文化を再生させようとするものだ。その方法のひとつとして、引用が注目された。

　引用とは、どこか別の場所から何かをひっぱってくる行為である。文章ならば、括弧に入れて、引用箇所を明快にするだろう。以下の文章のように。ポストモダンの建築家、磯崎新は、自作のつくばセンタービル (1983年)[1]を説明しながら、「クロード・ニコラ・ルドゥーの鋸状柱を思わせるポルティコが現われたのは、私個人のオブセッションである」と書いている。また、そもそも、このページの冒頭は、磯崎の引用論の一部を引用したものだ。

　実際、つくばセンタービルは、引用のかたまりのような建築として有名である。例えば、18世紀フランスの建築家ルドゥーが用いた鋸状の柱[2]、ミケランジェロによるローマのカンピドリオ広場[3](ただし、床の幾何学的なパターンは図と地を反転し、さらに楕円のかたちを一部崩している)、アーチと要石、その内側はディオクレティアヌス窓のような3分割された開口[4]、マニエリスムを想起さ

せる櫛形のペディメントが割れたモチーフ[5]、ミニマルな正方形の反復[4]、グリッドに対して少し斜めにズレた矩形の開口[4]、ルスティカ積みの表現[1]、アルミパネルとガラス・ブロックによるバロック的にうねる湾曲したファサード、ギリシア神話の一場面（月桂樹に変身したダフネ）、マリリン・モンローのボディラインの曲線[1]など、雑多な要素が集合した、括弧の建築である。さらに、磯崎はプロジェクトを発表したとき、同時にそれが廃墟化した状態を描いたドローイングも発表しているが、それはイギリスのジョン・ソーンが、自作のイングランド銀行（1818年）(1-1 [15]) に対して試みた行為を繰り返すも

［上］1──つくばセンタービルの側面／［下左］2──ルドゥーが設計したアル＝ケ＝スナンの王立製塩所
［下右］3──楕円の幾何学的なパターンを描くカンピドリオ広場（ローマ）

［上］4——古典主義とミニマリズムが隣
接する。
［下］5——つくばセンタービルの広場。
ビルの上部における割れた櫛形のペデ
ィメント

のだった。

　磯崎は設計に際して、「〈つくばセンタービル〉に与えられるべき建築的様式は何か」という問いを自ら立てたという。なるほど、近代の日本では、国会議事堂の建設にあたって、国家の様式をどうすべきかをめぐる熱い議論が闘わされている。また明治期の建築家は、列強に比肩すべく、西洋の様式を吸収し、国家の建築をつくることが要請された。磯崎によれば、近代的な都市計画に組み込まれたつくばセンタービルにも国家の影を感じたが、日本はもはやかつてのような国家の姿が消え失せている。ゆえに、わかりやすい記念性をもった新古典主義を単純に採用すればよいわけではなく、「決して明確な像が結び得ないような、常に横すべりし、覆り、ゆらめきだけが継続するような様式」が解答になりうるのではないかと考えた。また日本趣味や和風など、「日本的と呼ばれる様式の流入を排除すること」も意識している。その結果、つくばセンタービルは、いわゆる日本的な要素を欠きながら、主に西洋のモチーフをちりばめた、建築の集合になったが、中心が空白という構図こそがまさしく日本の肖像なのだとも評された。

　ちなみに、つくばセンタービルは、『新建築』と『建築文化』の1983年11月号において同時に特集された。これだけでもライバル関係にある2つの代表的な専門誌としては驚くべき出来事なのだが、さらにいずれもマイケル・グレイヴスや三宅理一らの論考、大江宏＋藤森照信、鈴木博之＋三浦雅士などの対談を収録し、現在では考えられないほどの大量の批評が掲載されている。また磯崎は、これらの論考に対するアンサーとなるテクストを執筆しつつ、国内外の他の雑誌の論考を再録して、『建築のパフォーマンス　つくばセンタービル論争』（PARCO出版局、1985年）が刊行された。いささか自作自演的な側面もなくはないが、それにしてもひとつの作品をめぐって、これだけ短期間に多くの言説が生産されたのは、つくばセンタービルがもともと言説としての建築をめざしていたからではないか。

■ルネサンスにおける引用

　現代美術の場合、すでに1960年代にはポップ・アートが登場しており、その代表的な作家、アンディ・ウォーホルはマリリン・モンローの肖像を複製し、ロイ・リキテンシュタインは漫画の場面を引用・拡大しながら作品を発表している。これは高尚な芸術とサブカルチャーの境界を攪乱する行為でもあった。アートに詳しい磯崎は、当然、彼らからも影響を受けているだろう。もっとも、建築の場合、マリリン・モンローの顔を引用するわけにはいかないので、身体の輪郭をかたどった定規をつくり、デザインに応用している [6]（ちなみに、21世紀のオーストラリアでは、女優の顔をプリントしたファサードをもつ建築も登場した）。また現代の音楽だと、サンプリングと呼ばれる手法で、他の音楽の引用を行う。

　しかし、建築における引用は、昔からなかったわけではない。ルネサンスの建築家は、当時からみて、大昔の古代ローマのデザインを復活させている。また18世紀の新古典主義は、考古学的な調査による新しい知見に刺激されて、ギリシアの建築に注目した。さらに19世紀は、産業革命に

6——マッキントッシュの椅子を磯崎新が変形させて、デザインしたモンローチェア

疲れ、中世の社会と建築を理想化するゴシック・リバイバルがイギリスで勃興したり、パリでネオ・バロックのオペラ座がつくられるなど、過去の様式を復活させる歴史主義の時代だった。もっとも、後者はオペラのための建築には、華やかなバロックがふさわしいといった、TPOにあわせた着せ替えとしての様式である。

アルベルティが設計したマントヴァのサンタンドレア聖堂（1472年着工）（1-3 [15]）は、ファサードに凱旋門のモチーフを引用した（60ページ）。これは大胆な手法である。なぜなら、キリスト教の建築が、異教の古代ローマの皇帝をたたえるための建築の形式を参照し、神の栄光を祝福するものに読み替えているからだ。が、ルネサンスはそれほど古代ローマの建築に憧れていた。またパラーディオも、サン・ジョルジョ・マッジョーレ聖堂の正面に2つの古代神殿のモチーフを組み込んだ [7]。ここがポストモダンと違う部分でもある。つまり、ルネサンスは権威づけるために正統とされた古典主義を引用したのに対し、ポストモダンはむしろ権威を解体するために、個人の趣味にまかせ、好き勝手に引用を行う。つくばセンタービルは引用源

7——サン・ジョルジョ・マッジョーレ聖堂（ヴェネツィア）

になった時代と地域がばらばらだ。とはいえ、まったくデタラメなわけではなく、磯崎の好みを反映し、やはりヨーロッパの建築が多い。

つくばセンタービルが登場した1983年は、東京ディズニーランドが開園した年である。国家イベントとしての万博から民間によるテーマパークへ。またポストモダンの思想を紹介し、ベストセラーになった浅田彰の著作『構造と力』も発売された。そうした意味で、1983年は日本におけるポストモダン元年と言えるかもしれない。こうした引用は、アメリカのディズニーランドの方が、建築家の動向に先駆けていた。なぜなら、テーマパークは世界の縮図であり、それを表現するために各地の建築様式を寄せ集めるからだ。なお、西洋の歴史を振り返ると、その先駆として古代ローマのハドリアヌス帝のヴィラや庭園の系譜が挙げられる。

ともあれ、カリフォルニアのディズニーランドにおいて、1960年代に登場したイッツ・ア・スモールワールド[8]というアトラクションでは、文字通り、船にのって小さな世界を旅行する疑似体験を味わう（これは東京を含めて、各地のディズニーリゾートで同じものがつくられたが、それぞれの意匠は微妙に異なる）。そのファサードは、パリのエッフェル塔、ロンドンのビッグベン、ギリシアの古代神殿、イタリアのピサの斜塔、インドのタージマハル、東洋のパゴダなど、有名な建築がカラフルな書き割りのように並ぶ。だが、つくばセンタービルの本格的な引用とも違う。ディズニーでは、わかりやすいようにそれぞれの建築を誇張しており、形態を簡略化させているからだ。すなわち、建築を記号のような存在に変えている。

8——ディズニーランドのイッツ・ア・スモールワールド

■水戸芸術館を読みとく

つくばセンタービルが分裂的な建築だとすれば、同じく磯崎が設計した水戸芸術館（1990年）[9]は様々な要素を混在させてはいるが、統合的なデザインである。その細部を順番に確認しよう。

複合施設の全体構成は、縦に積み重ねるのではなく、水平方向に連続させながら、それぞれのヴォリュームを歩行者に威圧感を与えないスケールに分解している。また大きな壁面は、排水管を収めたピラスターを配したり、市松模様のタイルによって細分化された。これらの施設が、約60m四方の広場[10]をぐるりと囲む構成は、ヨーロッパの街並みと広場の

［上］9──水戸芸術館の広場とカスケード
［下］10──成人式でにぎわう広場

関係を連想させるだろう。日本の駅前広場とは違い、建物によるしっかりとした物理的な境界をもち、安心して歩ける広場である。ヨーロッパの広場には塔がつきものだ。水戸芸術館の銀色に輝くメタリックな塔 [11] は、チタンに覆われ、未来的なテクノロジーを表現しており、唯一の垂直要素としてアクセントになっている。これはイサム・ノグチの正四面体を連続させた塔と、ブランクーシの無限柱のアイデアを組み合わせたものだという。なお、100mの高さという数字は、市政100年記念も踏まえている。

　一方で過去の要素も多い。まず、エントランスホール [12] 西側のファサードの大きな窓。上部が広がる台形は、古典主義の要石のモチーフを拡大させたものだろう（ただし、アーチはない）。劇場や会議場にはピラスター、塔の足元にはペディメントがあり、建物の低い部分は粗い仕上げの石材を用い、ルスティカ積みを想起させる。外構まわりでは、南西に大階段があり、くねくねとした湾曲したラインをもつが、これはマリリン・モンローの体型に由来するだろう。また北西にあたるコンサートホールの角 [13] は、斜めに切って小さな泉を設けており、ボッロミーニが設計したローマのサン・カルロ・アッレ・クアトロ・フォンターネ聖堂（サン・カルロ聖堂）[14] の都市空間への対応と似ていよう。いずれも磯崎好みのモチーフだが、つくばセンタービルの時とは違い、恣意的な引用を強調せず、見る人によっては気づくという表現だ。なお、石を宙吊りにしたカスケードは過去の引用を感じない特殊な要素であり（強いて言えば、もの派の作品か）、アート的なインスタレーションになっている。

　エントランスホールは、奥にパイプオルガンを備えた細長い空間であり、コンクリート打ち放しのペアコラムが並ぶ、バシリカ式の教会のようだ。断面は1:2のプロポーションをもち、ブルネレスキのサント・スピリト聖堂を連想させる。また道路側の窓は、ガラスでオニックスを挟み、ステンドグラスのように、光の色を変換しつつ、室内に導く（ジョン・ソーンへのオマージュか?）。3層の客席がぐるりと舞台をとりまく十二角形プランのACM劇場は、木造の小

屋をイメージしており、とくにシェイクスピアが使ったロンドンの伝説的なグローブ座やスワン座をモデルにしている（磯崎は東京グローブ座でも参照した）。求心性が強く、舞台と客席の距離を減らし、両者が一体化する効果をめざしたからだ。また六角形の平面をもつコンサートホール [15] は、天井を見上げると、ペンデンティブと呼ばれる曲面状の三角形の要素を繰り返している。後述するが、これは西洋の教会建築が発展するなかで導かれた形式である。

　現代美術ギャラリーでは、19世紀のジョン・ソーンの手がけたダリッジ絵画ギャラリー [16] を下敷きにしたという。すなわち、長ー短ー長のヴォリュームが並ぶ展示室のリズムや、独立した部屋が2列に続く空間構成、そして中央のピラミッド型のトップライトを含む、上部からの採光システムである。会議場は、弓形の形態をもち、直方体と2分割した円筒を組み合わせた外観をもち、幾何学的なデザインを先駆的に試みたルドゥーを連想させるだろう。室内は湾曲した天井であり、浅い球面状の吊り天井は、ソーンのデザインに由来するものだ。また両側の壁面に展開するのは、カーテンを模したコンクリート造の彫刻 [17] であり、やわらかい視覚と硬い触覚が一致しない。これはバロック期のベルニーニによるドレープの表現など、流動的なかたちの彫刻を参照したという。

　すなわち、水戸芸術館は膨大な参照を伴い、いわば建築史の教科書のような作品である。だが、その読解はひとつに限定されず、多様な解釈を誘発するだろう。とくに磯崎の軌跡を踏まえると、長いキャリアにおいて、1960年代は技術的な提案に関心を抱き、70年代は幾何学的な形態の操作を行い、80年代は歴史的な建築の引用を試みた。とすれば、ちょうど1990年に文化の複合施設として完成した水戸芸術館は、テクノロジー、幾何学、過去の様式を備えており、これらの手法を統合したものと言えるだろう。

■孤風院のマニエリスム

　次に磯崎のポストモダン建築以前に登場した特殊なプロジェクトの孤風

［上］15──ペンデンティブの天井
面をもつコンサートホール
［中］16──ダリッジ絵画ギャラリー
の模型
［下］17──会議場を飾るコンクリ
ート造のカーテン

院 [18] に注目したい。これを手がけた木島安史の上無田松尾神社 (1975年) も、鳥居と伝統的な拝殿のあいだに非日本的なヴォールト屋根をもつ柱廊を挿入したユニークな建築である。また既存のオーダーに分類できない独特の柱頭をもち、保守的な神社としては驚くべきデザインだろう。さて、孤風院は洋風の熊本大学講堂 (1908年) の解体を知った木島が、個人で保存するために払い下げを受け、移築して、1975年以降、時間をかけて住宅に改造したものである。これまであまりきちんと指摘されていないが、リノベーションによって、マニエリスム的なデザインを実現した興味深い建築だろう。まず、もともとは明治時代の講堂だったせいなのだが、住宅なのに、神殿風のファサードをもつ。かつてイタリアのパラーディオがヴィラの外観に神殿のかたちを与えたこと、あるいはポストモダンの建築家、ロバート・ヴェンチューリが母の家に大きなペディメントをつけたことが想起されるだ

18──木島安史が様式建築を改造した孤風院

ろう。また孤風院のファサードは、2つのペディメントを重ねあわせたような構成をもつが、これもパラーディオが設計したサン・ジョルジョ・マッジョーレ聖堂 [7] などに似ている。

　孤風院のペディメントにはアーチが食い込む [19] ほか、下部に大オーダー、ポーチにペアコラムの付柱が認められる。もっとも、木造なので、柱は異様に細いプロポーションだ。さらに部材を解体して再構成した際、木島はひねりと遊び心のある形態操作をかぶせ、複雑な空間を実現している。例えば、移築した際、スパンを短くしており、細長いバシリカ式の平面を、正方形に近い集中式のプランに変更した結果、両方の空間の性格が衝突した。矛盾する要素をあわせもつことも、まさにヴェンチューリが提唱したポストモダンの特徴である。舞台 [20] は大小のオーダーとアーチを組み合わせ、やはりパラーディオが用いたセルリアーナもどきの開口だ（ここ

[上] 19——アーチが食い込むペディメント
[下] 20——パラーディオ風の舞台

は要石から照明を吊るす）。また小さいペディメントの両側は水平に伸びており、移築後は両サイドのはみ出た部分の下部に持ち送りをはめ込む。ほかにも何も支えない持ち送り[21]、柱頭の真上に置かれた持ち送り[22]、階段の各踏面に寝かせた持ち送り[23] など、おそらくサイズを切り詰めたことで、行き場を失った持ち送りが奇妙にふるまう。室内では、柱礎が土台からズレてはみ出したり[24]、かつての扉が内側に移動し、それを重層的なフレーム[25]で囲む。ヴェンチューリ的なポストモダンの操作をここまで遂行した日本の現代建築はほかにないだろう。

　1970年代は、明治から100年を過ぎて、日本の近代建築も保存すべき対象としてみなされるようになった時期だった。しかし、孤風院はオリジナルに忠実な保存ではない。また1992年に木島が亡くなった後は、建物の維持・修理・リノベーションを通じたワークショップを行い、大学ではで

［左上］21——ありえないほど下部に設置された持ち送り
［左下］22——柱頭の真上に置かれた持ち送り
［右］23——階段の踏面に寝かせた持ち送り

きない教育を実践している。2006年、側面に縁側のような窓湯［26］を増築したのも、その成果だった。2009年は職人のもとで学んでから天井の塗装のほか、点検口のデザイン提案や窓湯の修繕などが行われている。ここはアイデア・コンペの優等生になるのとは違う、モノとの格闘を学べる場なのだ。木島の娘である建築家の木島千嘉も、文化財ではないので、失敗があってもいいから、とにかく実践を通じた積極的な建築への関与を推奨している。個人の想いを込めたリノベーションから、みんなの建築へ。すなわち、いまだ未完成のプロジェクトとして孤風院は輝きを失わない。死んだ文化財となるよりも、生きた建築として、変化を続けており、教育の場を提供している。かくして孤風院は、日本の木造洋風建築としては破

［左上］24──はみ出る柱礎
［右］25──重層的なフレームを構成する扉のまわり
［左下］26──増築された窓湯

格のおもしろさを獲得した。

　最後に東京のバブル期を象徴する典型的なポストモダンの建築、隈研吾のM2（1991年）[27]をとりあげよう。つくばセンタービルや水戸芸術館と違い、古典主義だけでなく、近代のロシア・アヴァンギャルドも混在しているが、やはり目立つのは、中央に高くそびえる肥大化したイオニア式の円柱である。磯崎による引用の建築は、雑多な要素を備えながら、全体としてはバランスを整えていたが、むしろM2におけるオーダーは突き抜けた存在だ。おそらく、世界でもっとも大きいイオニア式の円柱だろう。実際、一度見たら忘れられない、衝撃的なデザインである。

　イオニア式の渦巻はまったくくびれがない、幾何学的な形状、すなわちただの2つのシリンダーになっており、記号化された古典主義であることを強調しているかのようだ。そして巨大なオーダーは柱のかたちをもつが、何も支えない。その内部は、垂直動線のエレベータが入っているだけで、空っぽの吹き抜けである。オーダーの形式だけを引用し、機能は変わっているのだ。ちなみに、これもまったく前例がないわけではない。アドルフ・ロースが、シカゴ・トリビューン新聞社の国際コンペにおいて、独立した巨大なドリス式の柱を提案しているからだ。この場合は、新聞のコラム（＝柱）にひっかけたダジャレでもあるが、オーダーはビルそのもののかたちとして使われている。デビュー当初の隈は、ほかに巨大なドリス式の柱をもつ「ドーリック」や、「建築史再考」という名称のビルを発表していた。彼は建築家という主体を消していくために、M2のようなデザインを試みたという。なるほど、既存の様式は、自分が決定したわけではないかたちである。もちろん、それでも選択という行為からは逃れていないのだが。

「つくりながら自分という存在がすごく分裂している感じがしました。その分裂は、消すという話と絡んできます。自分の内面の表現（表現主義）というのは、気持ち悪いし嫌だと思っていた。……最初はカオスみたいなものをつくった。カオ

スってある意味では作家という主体が無い。いろんな要素をゴチャゴチャに集め
てくるわけだから。つまり主体はないけれど、にもかかわらず強度があるものを
つくろうという思いがあった。」（隈研吾『隈研吾読本』1999年）

27──自動車メーカーのショールームとしてつくられ、後に葬儀場に転用された、環八沿
いにたつM2ビル

4. 様式における日本的なもの

■和様化か、大仏様か

そもそも「和様」とは何か。

辞書をひくと、日本古来の様式や日本風といった意味が記されている。また書道の用語としては、中国の書法を基礎としながら、日本で創始された書体をさす。漢字を柔らかく流麗に記したものだという。ちなみに、「style」の語源をたどると、文体を意味するものだった。建築における「和様」は、鎌倉時代の中国起源とされる新しい様式に対して、それ以前から存在する様式の呼称である。もう少し正確にいうと、飛鳥・奈良時代に中国から伝えられた後、日本化した建築のことだ。例えば、11世紀に建てられた平等院鳳凰堂 [1] である。近代以前には、「日本様」という呼称も使われていた。一方、法隆寺はまだ十分に日本化されておらず、和様とは呼ばない。中国のデザインが日本風になっていくという意味では、書道も建築も同じように「和様」という言葉を用いている。注意すべきは、必ずしも日本のオリジナルではないことだ。あくまでも外来の文化を受け入れながら、それを日本風に変容させたものである。むろん、長い時間が経過すると、やがてそうしたものも、古来のものとして認識されるだろう。

「和様化」という言い方は、学術用語ではない。が、平安時代以外にも外来のものを日本化する状況を総称して、この言葉を使うことができるだろう。例えば、明治時代に導入した新しい文化が、その後に変容していくこと。「擬洋風」にならえば、和様を「擬中風」と呼べるかもしれない。おそらく、歴史の様々な局面において同様の事態は起きている (J-POP、もしくは日本において独自に発達したラーメンを含む中華料理、カレーもそうかもしれない)。磯崎新は「ジャパネスキゼーション (和様化)」という造語をつくり、こうした受容のシステムを批判的に論じているが、逆に彼が好んだのは大仏様だった。ちなみに、大仏様とは、奈良時代の東大寺が焼失した後、鎌倉時代に再

建する際、中国から導入したという建築技術である。もっとも、実は日本の大仏様とまったく同じデザインの建築は中国で確認されていない。おそらくダイナミックな巨大建築を実現するためには、それまでに培われた伝統的な技術の慣習にとらわれない、単純明快かつ合理的な構法が必要だった。美学的にも優雅でやさしい和様は、東大寺のスケール感と合わないのである。

　東大寺のプロジェクトでは、中国に3度渡航したという僧の重源が大勧進職を担当したが、彼はわざとでたらめな屋根の部材の組み合わせを大工たちに相談したことが伝えられている。多くの大工は、そんなやり方は見たことがないし、笑い者になるから嫌だと答えたが、考えて工夫してやってみようと答えた者が棟梁に選ばれた。重源はこうして新しい建設の方法に対する大工の心構えを事前に確認したわけだが、それくらい大仏様は異形のデザインだったのだろう。現在のわれわれは、なんとなく奈良の古

1——平安時代に洗練された和様の事例として、京都の平等院鳳凰堂が挙げられる。

寺のひとつとして東大寺を鑑賞しており、あまり違和感を覚えないが（ただし、重源のデザインが残るのは南大門 [2] などの一部。本殿は江戸時代の再建であり、大仏様を用いたが、横幅が7割に縮小された）、当初は「外来種」とみなされていたのである。

　実際、建築史学でいう大仏様は、かつて「天竺様」と呼ばれた。当然、インドからきたデザインではなく、事実と異なる名称だが、それだけ遠くの国から持ち込まれたというイメージがあったのだろう。また鎌倉時代に導入されたもうひとつの建築様式の禅宗様も、最初は「唐様」という名称が与えられていた。その要素は実際に中国由来のものである（ただし、完全に日本と同じデザインの原型はないようだ）。後にこれらの名称を「大仏様」と「禅宗様」に改めたのは、日本建築史の研究者、太田博太郎だった。ともあれ、インドや中国など異国のイメージと対比することで、和様の意味がより際立つ。そもそも、強い自我をもったアーティストがマニフェストを宣言する近

2——東大寺南大門（奈良）は、重源が関わった大仏様の代表的な事例である。

代以降のケースをのぞくと、様式は必ずしも単独で自律的なものとして明快に定義できるわけではなく、他のものとの差異によって認識されることが少なくない。ネガティブな評価、すなわち悪口が、様式や流派の語源になることもある。また日本の近代では、ナショナリズムの影響を受けて、中国的な要素を排したデザインを日本的とみなす傾向が強くなった。例えば、神社は日本古来のものであり、直線的かつ非装飾的であるのに対し、寺院は中国的であり、曲線的かつ装飾過多だという単純な二項対立が、岸田日出刀によって語られている。ちなみに、禅宗様は日本に持ち込まれた後、和様と混ざったりしながらも、長く生きのびて、禅宗とともに各地に広がった。一方、大仏様はあまりに日本の美意識と異なっていたために、和様化もせず、重源の関わった東大寺や浄土寺浄土堂など、一代限りで、わずかな事例しか存在しない。それゆえ、こうした特殊解を一定のやりかたや形式を意味する「様式」とみなして良いのかという疑問はある。ただし、江戸時代に巨大建築をつくる際、システマティックな構法の利点をいかして大仏様が使われることはあった。

■伊東忠太の「世界」

　日本の近代において実際にインドの様式を採用したのが、日本建築史の創始者である伊東忠太だった。彼の代表作である築地本願寺(1934年)[3]は、これまでの仏教建築とは全然異なる相貌をもつ。伊東が海外で調査し、アジャンターの石窟寺院[4]など、実際に見学したインドのデザインを参照したからである。近代以前に天竺様という言葉が使われていたとき、本当にインドの様式を使うわけではなかった。海外の図面を入手したり、渡航して本場の建築を知ることは難しく、あくまでもイメージとしての異国でしかない。ゆえに、日本の建築史において、インド様式の寺院が登場したことは画期的な事件だった。もっとも、もとをたどれば、仏教の発祥の地は、紀元前のインドである。とすれば、寺院にインドの建築様式を使

うことは必ずしも荒唐無稽なことではない。ただし、そうした起源への探求は、近代的な発想でもある。仏教学の分野でも、近代以前は漢訳の仏典を研究していたが、近代になり、ヨーロッパの学問の影響を受けて、サンスクリットの原典の研究に着手した。建築における起源への関心も、パ

［上］3──仏教の起源の地であるインドの様式を採用した築地本願寺（東京）
［下］4──アジャンターの石窟寺院を観察すると、築地本願寺と同型の尖ったアーチをもつ。

ラレルに考えることができるだろう。ちなみに、ヨーロッパでは、18世紀から、ギリシア以前にさかのぼる建築の起源を思考するようになった。

ところで伊東は徹底的に記録をつける人間だった。その対象は建築に限定されていたわけではない。個人としての体験や日常の出来事も含んでいた。こうした性癖は学生時代のノートから始まる。『浮世の旅』と題して、ほぼ毎日の行動を記し、彼の考えたこと、不平や空想、散歩をした場所、交友関係などもうかがい知ることができる。伊東は卒業後も日記を続け、簡単に携帯できるノートに生活と調査の内容を書き記し、着彩されたスケッチや漫画のようなイラストもついていた。建築史は視覚的な記憶力が必要とされる学問である。簡単にコピーをとったり、気軽に写真を撮影できない時代において、スケッチは重要な記録だった。

やがて伊東は個人の「世界」ではなく、本当の世界へと旅に出た。1902年から1905年にかけて、中国、ミャンマー、インド、トルコ、エジプト、ギリシア、ヨーロッパを調査する。その行程において大同雲崗の石窟も「発見」した。当時の建築家は海外といっても、もっぱら欧米を見聞していたが、伊東はまずアジアを歩いたのである。したがって、これは法隆寺のルーツを探し求め、アジアからヨーロッパを横断する、前人未到の旅だった。伊東は何もない地平から建築史を組み立てようとした。西洋建築史であれば、海外の文献を翻訳すれば良かっただろう。しかし、当時は空白だった日本の建築史である。法隆寺を論じた彼の卒業論文も、前例がなく、ちゃんと評価できる研究者がいなかった。そして伊東は日本を位置づけるために、アジアのフィールドワークに向かう。建築はモノである。絵画や彫刻は、辛抱強く待っていれば、展覧会の巡回により、向こうから近くの美術館に来ることもあるだろう。だが、建築は移動しない。直接体験するには、こちらが現地を訪問するしかないのだ。そうでなければ、写真や図面などの媒体に変換された二次的な情報に触れるしかない。

未開のエリアは、それ自体が新しい知の地平を切り開く。だが、村松

伸は、伊東の限界について、こう指摘している。世界一周から帰った彼は、雑多な経験を理論化し、「歴史」に昇華させることを怠ってしまった、と。確かに伊東も、最初の「法隆寺建築論」では、様式の伝播や西洋的な比例論など、理論的な枠組をもっていたが、いざ調査を始めると、そうした歯切れの良さは目立たなくなる。ギリシア建築への情熱も失せてしまう。文献ではうかがい知れない現実に圧倒されたのだろうか。伊東は、建築家としても活躍し、ロマネスク様式による一橋大学兼松講堂（1927年）、神明造の朝鮮神宮（1925年）、平安京の建築を縮小・復元した平安神宮（1895年）、あるいは日本の伝統建築をコラージュした震災記念堂（1930年）[5] など、様々な過去の様式を駆使し、モダニズムとは一線を画する折衷主義的な態度によって独自の個性を発揮した。

■様式を折衷する

　再び、大仏様に戻る。日本建築史の特異点となる大仏様を基準としながら、東大寺のほかの建物を観察すると興味深い。例えば、法華堂。これは奥の部分が奈良時代の正堂だが、手前の礼堂は鎌倉時代の増改築によるものである。もともとは2棟が並ぶ双堂だったが、前後が連結されて一体の建築になった。それゆえ、いわゆる和様と大仏様が並置されたデザインは、側面から観察すると、柱、水平材（長押か貫か）、組物、開口

5——震災記念堂（両国）は、唐破風や入母屋の屋根、三重塔、教会的な十字プランなどをミックスしている。

部などの差異が一目瞭然であり、2つの様式を比較しやすい。

　鐘楼 [6] の場合は、さらに複雑に異なる様式がミックスされている。こ
れは重源が指揮したものではなく、彼の死後、第2代の大勧進となった栄
西が建設したことも、一因だろう。鐘を吊ることだけがプログラムとなって
いるため、方一間のサイズであり、決して大きい建築ではないが、その分、
様式の折衷が高密度に圧縮されている。まず離れて見ると、力強く太い
部材の組み合わせが目立つ。とりわけ、柱を貫通する頭貫、内法貫、地
貫などの水平材によって、がちがちに固められている。また貫のほか、虹
梁や蟇股などの部材は、大仏様に特徴的なぐりぐりの繰形がつき、全体と
して彫刻的な印象を与える。太い虹梁で鐘を吊る部材に注目すると、中
央を通る太い虹梁は、両端が頭貫にかかり、また直交する2本の虹梁で
支えられている [7]。下の虹梁は、飛貫にのっており、さらに飛貫は束に
よって重さを内法貫や中柱に伝えている。力の流れを可視化し、大仏様ら
しい構造のダイナミクスが感じられる建築だろう。

　が、一方で鐘楼は、南大門にはなかった不純物も混ざっている。例えば、
軒天井が中途半端に入るほか [8]、すべての垂木が平行になっており（大仏
様の場合は、隅部のみ扇垂木）、和様のデザインが認められるからだ。力強さを
表現しようとすれば、繊細な格子をもつ軒天井は齟齬をきたす要素になる
だろう。組物を柱の上だけでなく、柱のあいだにも中備として設置するや
り方は、整然としたデザインを志向する禅宗様の詰組と同じだが、台輪は
ない。すなわち、鐘楼には、和様、大仏様、禅宗様といった日本の主要
な三様式が混在している。大仏様を前の時代から切断するルネサンスとみ
なせば、これはマニエリスム的なデザインであり、合理主義ゆえにモダニ
ズムになぞらえるならば、それ以前の様式を再導入しつつ、純粋よりも折
衷を好むポストモダン的と言えるだろう。少なくとも中国とは異なる意匠を
展開しており、日本的な変容を反映した建築なのだ。

　そもそも、純粋な和様や禅宗様を前提にして考えると、実際はグレーな

領域の古建築は少なくない。ゆえに、建築史家の野村俊一は、純粋なモデルを疑いつつ、全体に対してひとつの様式を命名するのではなく、それぞれに個性がある細部の集積として古建築をとらえなおす考え方を提唱した。単純な分類としての様式概念の解体である。

[上] 6──東大寺の鐘楼では、和様、大仏様、禅宗様が混在する。
[下左] 7──太い虹梁や頭貫を組み合わせて、重い鐘を吊る。
[下右] 8──大仏様に特徴的な繰形や和様の軒天井がある。

■磯崎新の空中都市

　さて、時代に断絶をもたらす、前衛的な建築として大仏様と重源を高く評価する磯崎は、自作にもオマージュというべきデザインを組み込んでいる。彼が1960年代の前半に発表した空間都市のシリーズだ[9]。当時は31mの高さ制限がまだ残っており、既存のビルの上空に新しい都市が増殖していくイメージを模型やドローイングによって表現したものである。これは最初から実現を見込んだものではなく、問題提起を行うための空想的なプロジェクトだった。その特徴は、エレベータ、階段、設備などを入れた円筒形、すなわち垂直のコアが立ち、その上部から水平方向に居住ユニットが付いた構造体がいくつも張りだす。明らかに、この造形は大仏様の構造に由来しており、連続する挿肘木や空中を飛ぶ通肘木など、むきだしになった大胆な構造を参照している。すなわち、ダイナミックに力強く

9——未来的な空間都市のプロジェクトでは、大仏様のデザインを重ねあわせた。

空中で建築が連結していく未来都市を、鎌倉時代に突如出現した大仏様の巨大建築に重ねあわせている。そしてメガストラクチャーの構想を通じて、地べたにはいつくばる過去のビルとの切断も意識したのだろう。

　21世紀に入り、磯崎はカタールの国立図書館のプロジェクトにおいて、再びこの造形を採用している。もっとも、空間都市とはまったく違う文脈であり、既存の街の上に新しい世界をつくるという意味は失われているが、純粋にこうしたかたちが好みなのかもしれない。大仏様に関連した現代建築では、ほかにも事例が挙げられる。安藤忠雄によるセビリア万博の日本館（1992年）は、木組の形態が大仏様の軒下のそれをほうふつさせるだろう。これは世界最大級の木造建築に挑戦したプロジェクトであり、同一断面など、部材の合理性を追求していくと、必然的に類似したデザインが出てくるのかもしれない。そしてやや荒削りだが、上海万博の中国館（2010年）は木組を巨大化させたような建築だったことから、磯崎や安藤のデザイン、あるいは大仏様に近い造形をもち、これらを真似ていると一部で批判された。しかし、よく考えてみると、そもそも日本の古建築は中国の影響を受けたデザインだから、本家に戻ったと言えるかもしれない。

■ 数寄屋とポストモダン

　すっかり現代アートの島として有名になったが、もともと直島は石井和紘の作品群があることで建築界に知られていた。彼は大学院生のときに関わった直島小学校（1970年）をきっかけにして、直島幼稚園（1974年）、直島中学校体育館・武道館（1976年）、直島中学校（1979年）、直島保育園（1983年）を文教地区で継続的に設計したほか、海の家「つつじ荘」（1991年）や総合福祉センター（1995年）、そして古建築を大胆に翻案した直島町役場（1983年）[10] を手がけている。初期の建築は、幾何学にもとづくモダニズムの延長線上で考えられるものだったが、石井はアメリカ留学を経て、当時最先端であるポストモダンを日本に導入する旗手となった。ポストモダ

ンは様々な分野で用いられた用語だが、建築の場合はモダニズムを批判的に乗りこえようとした運動であり、具体的には近代に切り捨てられた地域性、場所性、歴史性、装飾性などを再導入しようと試みた。西洋では過去の意匠を引用することが流行し、とくに古典主義が主要なモチーフになっている。

　つくばセンタービルやM2も、元ネタは西洋の建築だった。もちろん、西洋人にとってのギリシア建築は、文化のルーツをたどる意味をもつ。一方、日本人にとっては開国した明治以降に初めて受容したデザインである。多くの人は異国風のイメージを抱くだろう。ゆえに、ポストモダンを日本の文脈で遂行するならば、近代以前の古建築を引用しなければならない。まさに直島町役場はそれに挑戦した建築だった。が、引用するにしても、古代、中世、近世、あるいは神社、寺院、住宅、城郭など、いろいろな選択肢

10──軽快さを求めて、飛雲閣をモデルにした直島町役場

がある。ここで全面的にコピーされたのが、京都の本願寺飛雲閣[11]だ。直島町のパンフレットは、以下のように理由を説明している。「伝統ある落ち着いた家並みを残す集落と違和感のない建物であること」。そして「近代的なものを吸収しながら風土に合った地方自治を展開する地方の時代にふさわしく、安土桃山時代の名建築の意匠が採用されています」。

また石井は著作の『日本建築の再生』(1985年)において、ラディカルな折衷主義を展開した伊東忠太を再評価しつつ、こう論じている。寺院の屋根を模倣した帝冠様式は重く、暗いのに対し、神社をモデルとした丹下健三のモダニズム建築は異なるもののコラージュをしておらず、軽快なデザインである。そして「私としては、大寺院や、大神社よりも数寄屋のほうが気が楽だ」という。ゆえに、町役場では飛雲閣をモデルにすることを試みた。彼にとって、それがいかめしい建築ではなく、少し崩したデザインが心地よく思えたからである。おそらく、数寄屋が好きだという軽さこそが、石井のポストモダン的な態度をよく示すだろう。

11——飛雲閣は左右対称を崩しつつ、様々な屋根形式を組み合わせ、変化に富んだデザインをもつ。

■飛雲閣から直島町役場へ

そもそも飛雲閣とはどのような建築なのか。

近代以前の日本では、人が日常的に使う空間はほとんど平屋だったのに対し、金閣や銀閣と同様、飛雲閣はめずらしい複層の建築である（塔は人間が入るための空間ではない）。したがって、4階建ての役場に翻案しやすい。また飛雲閣は、堅苦しい表現を好まず、自由にかたちを崩していく数寄屋風のデザインであり、構成を観察すると、左右対称ではなく、唐破風、千鳥破風、宝形造など、ばらばらな形式の屋根を絶妙なバランス感覚で配置している。直島町役場も、最上階は中心からズラして、丸窓のある小さな部屋をのせ、その下に唐破風、建物の両翼に千鳥破風を設けるなど、明らかに本歌取りが行われた。宗教建築は、どうしても背筋がピンとするような聖性を必要とするが、数寄屋はそうした雰囲気から逃れるだろう。なお、飛雲閣は木造であるがゆえに、直線による直交座標系のプランであるのに対し、鉄骨鉄筋コンクリート造の直島町役場は弧を描くように正面が湾曲し、それに従って1階のカウンターも曲がっている。現代的な数寄屋というべき感覚によって、さらに空間を柔らかくしているのだ。

この建築がさらにひねりを加えているのは内観である。なぜなら、東京駅の設計者である辰野金吾のデザイン、すなわち日本近代に輸入された西洋の様式建築を引用しているからだ。なるほど、1階のカウンターの奥には、何かを支えるわけではないが、西洋風のアーチのフレームだけが連続している［12］。また2階や3階のドアのまわり［13］にも、古典主義的な意匠が用いられた。当然、これらは正統な古典主義とは少し違う。すでに日本人が翻案を加えたものである。興味深いのは、磯崎はミケランジェロやパラーディオの建築など、西洋のオリジナルを直接に引用したのに対し、石井が日本人による西洋建築のコピーをさらにコピーしていることだ。

筆者が思わずのけぞったのが、議場［14］のインテリアである。見上げると、折上格天井の中心部がドームになっていたからだ。言うまでもなく、

日本の伝統建築において折上格天井は、その部屋が他よりも格式が高いことを示す。確かに庁舎にとって議場は重要な空間だ。一方で白いドームの天井は西洋の建築において、やはりそこが象徴的な場所であることを意味する。だから、議場に使うのは正しい。しかし、さすがに折上格天井＋ドームという和洋の手法をダブルで採用した事例はほかにないだろう。

　直島町役場は、いわゆるカッコいい建築ではない。よく見て、考え、そして楽しむデザインである。正直、外観はオリジナルの飛雲閣の方が圧倒的に洗練されている。内観の西洋風のデザインも書き割り的であり、本物らしさを誇示するようなものではない。歴史の重さを誇示するのではなく、むしろ安土桃山時代の楼閣も、明治時代に輸入された西洋の建築も、気兼ねなく折衷し、ポップに遊ぶという感覚である。ポストモダンの現象は世界的に広がっていたが、それぞれの引用源はさほど雑多ではなかった。当時、石井は中国の天壇、鉄橋、同世代の現代建築もサンプリングし、ときには三十三間堂ならぬ「33メートル堂」など冗談のような作品を生みだし、最も過激に多様な要素を引用した建築家と言えるだろう。過去の「日本らしさ」を召喚するとき、しばしば偏狭なナショナリズムに陥ってしまう。だが、1980年代の日本におけるポストモダンは、徹底した価値の相対化を通じて、絶対的なイデオロギーを笑いとばす雰囲気があった。そうした時代に直島町役場は登場した。

12——直島町役場は、日本の古建築だけでなく、西洋風のアーチも引用する。

［上］**13**──議場の入口では、ヴェンチューリ風のグラフィック的な古典主義（2つの円はイオニア式？）が出迎える。

［下］**14**──和洋の意匠が共存する議場。議長席の背後には、アーチと要石がある。他の部屋では、ハイテク風のデザインも使う。

西洋の古典主義と装飾

歴史編 3

1. 古典主義とゴシック 〜ギリシア・ローマから中世へ

■ 反復を繰り返す古代の様式美

ここでの狙いは、これまで分断されていた西洋の建築史と日本近代の様式建築をつなぎ、連続的にとらえることだが、そのためには前者を知らないと不可能だろう。したがって、西洋の建築史を理解するために、概略を見ていく。まず、大きな潮流である古典主義とゴシックをとりあげる。

ギリシアの建築は、3つの基本的なオーダーを生みだした。すなわち、ドリス式、イオニア式、コリント式である。ただし、ギリシア時代にコリント式はあまり使われていない。古典建築のデザインは、ギリシアで確立し、ローマ時代の建築に継承された。オーダーは西洋の拡張に伴い、世界中に広がり、もはやかつての威厳はなくなったが、今なお使われている。しかし、キリスト教の建築が重要となる中世には、だんだんその影響力を失う。実際、古典の束縛が弱くなった中世には、いろいろな柱頭のデザインが試みられた。その後、15世紀には、イタリアにおいて古代を見直すルネサンスの動きに伴い、千年以上も前の古典建築が再び主流となる。またセルリオやヴィニョーラらが、トスカナ式、あるいはイオニア式とコリント式を合成したコンポジット式を追加し、5つのオーダーが標準化された。かくして古典建築が復興し、マニエリスムやバロックの展開に続く。

だが、本来、そのオリジナルはギリシアである。ルネサンスの時代はイスラムの勢力下にあって近づきにくかったが、18世紀を迎えると、ギリシアの遺跡を調査できるようになり、さらなる起源のデザインを復活させようとした。それが新古典主義の運動を引き起こす。つまり、西洋建築史において古典主義は繰り返し、反復されたのである。ギリシアは様式美を追求し、その洗練された究極の姿がパルテノン神殿だった [1]。またおそらく外観の見え方を強く意識したことから、微妙な視角補正を踏まえたデザインも導かれたかもしれない。

■ チャンピオンとしてのパルテノン

　ヨーロッパの歴史のなかで、パルテノン神殿がトップに躍り出たのは、18世紀の後半から19世紀にかけてだろう。最初の比較建築史とされるフィッシャー・フォン・エルラッハの『歴史的建築の構想』（1721年）は、パルテノンの図版を含むが、別格というわけではなく、多くの情報のなかのひとつに過ぎない。彼はバロックの建築家だが、まだパルテノンを絶対的なものとは位置づけていなかった。皇帝に捧げられた同書は、当時の世界の建築観をよくあらわし、版を重ね、すぐに英訳も出版されたが、エルラッハは考古学的な態度ではなく、神話的な世界の七不思議にも関心を抱き、架空の建築も紹介している。だが、イギリス人のジェームス・スチュアートとニコラス・レヴェットの『アテネの古代遺跡』（1762年）は現地で実測し、リアルな建築の姿を伝え、状況を変えていく。彼らもギリシアをイメージさせる建築を設計している。つまり、伝聞にもとづくのではない、ファンタジーを排した近代的な学問の態度を通じて、グリーク・リバイバルに火がついた。18世紀においてギリシアは古くて新しい情報だったのである。

1——アクロポリスの丘にたつパルテノン神殿（アテネ）

日本では明治時代に最初の建築史家である伊東忠太が、卒業論文において、日本の古建築は決して劣ったものではないと主張すべく、パルテノンをひきあいに出した。彼の「法隆寺建築論」(1893年)は、法隆寺の柱の膨らみ＝エンタシスがギリシアからの遠い影響を受けたものだと推測している。法隆寺は名建築とされるパルテノンの血筋を引いている、と。やや屈折したナショナリズムかもしれない。彼は、19世紀イギリスの建築史家、ジェームス・ファーガソンの著作が日本建築は中国建築の模倣とみなしたことに反発を覚え、ギリシアという起源を持ちだして反論した。その後、昭和期に来日したブルーノ・タウトが『ニッポン』(1934年)において、桂離宮や伊勢神宮をパルテノンに比肩すべき名建築として評価している。岸田日出刀も、『過去の構成』(1929年)などの著作で日本建築を再解釈し、伊勢とパルテノンを比較した。タウトと岸田は直線的かつシンプルなモダニズム的視点を共有したが、同じパルテノンでも、伊東忠太は曲線的なふくらみに注目することで、法隆寺に接続している。

　比較の対象は変わっても、パルテノンの地位は揺らがない。彼らは具体的なデザインよりも、カッコつきの「建築」、つまり建築の代名詞としてのパルテノンを召喚し、それぞれの理想を投影した。明治期に創刊された建築学会の機関誌『建築雑誌』の表紙にもパルテノン神殿と法隆寺の図版が並び、しばらくの間、このイメージで固定されていた。日本のアカデミックな雑誌が、両者を建築の代表として提示したのである。江戸時代にも、オランダ経由で日本に西洋の資料は入ったが、おそらくそのなかにギリシア建築の正確な情報はない。ちなみに、18世紀に翻訳された『解体新書』の扉絵に古典主義の建築を背景として裸体の男女が立つイメージはあるが、それがすぐに建築として受容された形跡はない。

　建築史の誕生と近代の意識は関係する。「法隆寺建築論」が興味深いのは、「空間の形状」やエンタシスに言及したり、カタカナで「プロポーション」と記し、全体構成を分析する方法が西洋的なことだ。彼以前にも、

建築史的な文章は存在したが、基本的には出来事を羅列する沿革であり、理論的ではない。ところで、当初、伊東は仏教以前に芸術的な建築が日本になかったと記し、神社建築はもっと進化し、変化すべきだと述べていたが、後に意見を覆す。すなわち、神社は形式が変わらないからこそ良いと論じ、再生を繰り返しながらも遺伝子が保存され、一貫した「精神」があるという。これに対して、パルテノンは偉いというけれど、結局、廃墟になった。キリスト教の建築も、ロマネスク、ゴシック、古典主義など、時代によって様式がばらばらだと指摘している。法隆寺から伊勢神宮へ、日本建築のトップの座は揺らぐ。

　伊東はアクロポリスを訪れたが、むしろ旅の途中でアジアに関心を抱き、脱線していく。堀口捨巳は、パルテノンを見て、ヨーロッパにはかなわないと感じ、草庵茶室という日本的なものに回帰する。逆にミース・ファン・デル・ローエは晩年に初めてギリシアに旅行したが、すでに作風が確立していたから、あまり影響を受けていない。また磯崎新は、廃墟になった未来都市のドローイングにおいて、朽ちたギリシアの神殿の柱を巨大な構築物とコラージュし、錯乱した時間の感覚を表現した。そしてロバート・ヴェンチューリとデニス・スコット・ブラウンは、彼らの理論にもとづき、ギリシア神殿こそが最初の「あひる建築」だと指摘した。「あひる建築」とは、機能と関係なく、外部の彫刻的な造形がヒロイックに肥大化した悪しきデザインを意味する。

■古典主義の意味

　思想家のジョルジュ・バタイユは、外部がなく、かたちのはっきりしないラスコーの洞窟に対して、明るい理性の下にあるギリシアの神殿を対極のものとして位置づけた。これを空間論に読み変えると、ラスコーが反構築の神殿ならば、パルテノンは構築の神殿となる。古典主義のデザインでは、比例を重視したが、古代ローマのウィトルウィウスは、建築書のなかで、

オーダーを人間になぞらえて説明している。すなわち、ドリス式の柱は男子の身体をモデルとし、柱身の下部の6倍の高さになっており、イオニア式の柱は、婦人に当てはめて、巻き毛のような渦巻を置き、8倍のプロポーションにした、と。こうした比例は、人間の身体こそが美の根拠になるという思想にもとづく。が、これとは違うタイプの考え方もあった。例えば、コリント式の柱頭のデザインの起源として、病死した少女の墓にそなえてあった籠にアカンサスの葉がまきついたイメージを紹介している。女性の身体がそのまま柱になったカリアティッドについても、以下のようなエピソードがある。これはギリシアがペルシアと戦争をしたときに裏切ったカリュアエという街の女性を見せしめとして記憶したものだった。日本語でも、一家の「大黒柱」という風に柱を人になぞらえたり、犠牲を意味する「人柱」という言い方がある。洋の東西を問わず、人＝柱という発想は普遍的なのかもしれない。

建築史家、ジョージ・ハーシーの著作『古典建築の失われた意味』（1988年）は、理性の産物と思われた古典主義をひっくり返すような解釈を提示した。当時のギリシアにおける言葉の体系に照らし合わせ、彼は細部の名前を徹底的に検討している。神殿が木造だった時代に戻ると、生け贄を捧げる儀式が行われていた。ゆえに、その血なまぐさい記憶が、神殿にこびりついているのではないか。例えば、円柱の礎盤の繰形を意味するカヴェットは、縄という意味もあるらしく、生け贄になった動物の足を縛った縄に由来するという。またトリグリフは3分割されたパネルの意匠をもつが、大腿骨を3つに割ったものではないかと推測する。古典主義の建築は、理想的な人体と重ね合わせられた健康で美しいオリンピック的な身体とされていたが、ハーシーの解釈によれば、生け贄になってバラバラに解体された身体が発見される。なお、建築史家・批評家のアンソニー・ヴィドラーは、20世紀末の脱構築主義などのデザインについて、身体を寸断したような現代建築と論じたが、古典建築でも同様の解釈が指摘されていた。

■ パンテオンと都市の巨大建築

　ローマの建築はギリシアのデザインを踏襲しつつ、高密度の都市にふさわしい各種のビルディングタイプを発展させた。またエトルリアからは高い基壇や正面性といった特徴を受け継ぐ。ローマ時代は、ドリス式、イオニア式、コリント式のほか、イオニア式とコリント式を組み合わせたコンポジット式のオーダーが新しく登場した。ローマは応用問題を解くのが巧みであり、4層に分節された巨大なコロッセウムの外観 (1-1 [11]) では、垂直方向に異なるオーダーを積み重ねている。すなわち、1層目はドリス式、2層目はイオニア式、3層目はコリント式であり (20ページ参照)、ギリシア建築では、さすがにオーダーの3段重ねは想定されていなかった。なお、ウィトルウィウスの建築書では、日時計や器械をつくることも、建築家の仕事と定義したことは今と違うが、建築が制作と理論から成ること、強、用、美が重要であること、建築家は様々な学問に通じているべきだと唱えたことなど、現在に通じる基本的な建築の言説を提出している。

　ギリシアが美意識にこだわったのに対し、ローマ帝国は組積造の可能性を引きだし、植民都市で大量の建設を遂行する土木国家だった。例えば、同じ劇場でも、ギリシアは傾斜した地形をいかして観客席をつくったのに対し、ローマは平地に建てる。構法の点では、エジプトが大きな石を切り出して積みあげたのに対し、ローマは小さな煉瓦や石でも、アーチを基本とする構造を採用することで、曲線を伴う、大空間を生みだした。アーチとは両側から煉瓦や石を積んで、中央に要石を入れて完成させる組積造ならではの構造形式である。アーチを平行移動させると、かまぼこ状のヴォールトのかたちになり、空間を覆う。また2つのヴォールトを直角に交差させると、交差ヴォールトの形状を導く。そしてアーチの中心を軸に回転させると、ドーム型の構造になる。それゆえ、建築史家・批評家のジークフリート・ギーディオンは、ギリシアやエジプトが彫刻的な建築であるのに対し、ローマは豊かな内部空間をもつ建築だと位置づけた。

古代ローマにおいて、完璧性と単純さという点では、パンテオン[2]は重要な建築である。外観は列柱をもつギリシア神殿風だが、一歩中に足を踏み入れると、思わず息をのむような大空間が広がる。直径約43mの円筒のドラムの上に、同じ直径のドームがのり、さらに最頂部の円形のトップライトから光が差し込む。つまり、球体がすっぽり入るという明快な構成が宇宙的なシンボリズムを感じさせるだけでなく、光の落ちる位置が変化するため、天体の運動やスケールを想像させる。パンテオンはあまねく神々、つまり日本風に言えば、八百万の神をまつる神殿であり、調和された円の形態におさめられた。このドームは、カール・フリードリヒ・シンケルのアルテス・ムゼウム(3-2 [23])から東京駅まで、おそらく歴史上、もっとも数多く参照された造形のひとつだろう。

　ローマ時代の神殿は矩形と円形のタイプが存在した。前者の代表的な例は、ニームのメゾン・カレだが、ギリシアのような周翼の形式は少なく、前面のみに独立した列柱がある。後者の代表格はパンテオンだろう。またギリシアのアゴラに対応するのが、ローマのフォルムだった。政治や宗教の施設が集まる公共の広場である。これに面してたつバシリカは、人々が集まるホールであり、市や裁判などが行われた。ギリシアが神殿を重視したのに対し、巨大都市に成長したローマでは、現代と変わらないビルディングタイプが出現している。例えば、インスラ[3]という集合住宅は、2階は高価な貸家、3階以上は小さい部屋で分割された安い賃貸であり(エレベータや給水設備がなく、上階ほど居住条件が悪いため)、現代のマンションと同様、1階は店舗だった。当時の娯楽施設は壮大なサイズに到達し、博覧会の施設など、19世紀に鉄を利用した大空間が出るまで抜かれていない。例えば、カラカラの浴場は、ドームや交差ヴォールトの天井が連続する壮大な複合施設であり、今風に言えば、クアハウスだが、中心となる施設は約228m×116m、全体は450m四方の広さで20haに及ぶ。そして闘技場のコロッセウムは、長軸が188m、短軸が156mの楕円形の平面をもち、観

[上] 2——天窓から太陽光が差し込
む、パンテオン（ローマ）
[下] 3——オスティア・アンティカの
インスラ（ローマ）

客席には5万人が入り、現代のスタジアムに匹敵する。これは大勢の人間がリアルにライブで楽しむ最大級の規模だろう。実際、18世紀のピラネージも、古代ローマに比べて、近世の建築が見劣りすることに失望していた。

■ キリスト教の建築

　当初キリスト教は弾圧されたものの、ようやく313年に公認され、やがてローマの国教になる。非合法のときは死者を埋葬するカタコンベの一角で信者が活動したり、住宅の内部に祭壇や洗礼堂をしつらえたが、ついに専用の集会所を堂々と地上に建設した。もっとも、いきなり独自の形式を創出したわけではない。当初は既存のビルディングタイプだったバシリカを参照した。実際、サンタ・マリア・イン・トラステヴェレ聖堂やサンタ・マリア・イン・コスメディン聖堂は、古代の建築を転用している。同じく聖なる建築ならば、ギリシアやローマの神殿が参考になりそうだが、これらは異教の神の像の倉庫であって、人が集まる空間とは違う。バシリカを参照した理由は多くの人が集い、演説する施設だったからである。コンスタンティヌスのバシリカは、アプスに皇帝の巨大な座像を置き、もうひとつのアプスに大理石の椅子と湾曲した壇を設け、法廷として使った。こうした伝統を継承し、初期キリスト教のバシリカ式のプランも、半円形のアプスに聖職者が座る椅子がつく。バシリカ式の建築は、パースペクティヴを効かせながら、細長い空間に列柱を揃え、奥に向かって空間が推進する。古代ローマの壮大な内部空間に対し、聖性を与えたのが、キリスト教だった。

　長方形のバシリカ式は、信者が増え、とにかくたくさんの人を収容したいというプログラムに合致する。なお、建築史家のニコラウス・ペヴスナーは、バシリカの柱列は神殿の柱廊を反転させたものだと指摘した。一方で円形や多角形の集中式は、同じタイプの空間がローマ時代は霊廟などに使われたように、モニュメンタルな性格をもち、聖人を記念する施設や、洗礼堂に向く。円形のサンタ・コスタンツァやサント・ステファノ・ロトンド、

八角形のラテラノ洗礼堂 [4] などである。仏教寺院の場合も、塔や円堂が集中式の建築に対応するだろう。

　コンスタンティヌス1世がコンスタンティノポリスを324年に創設し、1453年のオスマン帝国の侵入によって、東ローマ帝国が滅びるまでの時代と地域において、ビザンティンの美術と建築は展開した。6世紀のユスティニアヌス帝の治世に最初の黄金期を迎え、サン・ヴィターレ聖堂やハギア・ソフィアが登場した。なお、ビザンティンという呼び方は、コンスタンティノポリスの古名にちなみ、もともとはギリシアの植民都市ビュザンティオンだった。

　ビザンティンは、空間の形式やかたちだけではなく、モザイクによる皮膜、すなわち内部のコーティングが興味深い。ヴェンチューリとブラウンの夫妻も、サン・マルコ広場の経験をこう語る。彼らは最初の訪問時、モダニズム的な視点の観察によって広場を空間のデザインとして観察した。ところが、1960年代のラスベガスの調査を経て、再訪したときは別のことに気がつく。建物をおおう圧倒的な装飾、つまりモザイクの壁画だ。広場のあちこちから宗教的なメッセージを含む、様々な情報を発信している。これはまるでラスベガスの看板やネオンと同じではないか、と。

4——ラテラノ洗礼堂の天井見上げ（ローマ）

サン・ヴィターレ聖堂 [5] は、大きなドームがひとつという単純な構成ではなく、ドーム型の空間が小さな細胞分裂を起こしている。教会には2つの空間のタイプが存在し、人を集めるにはバシリカ式は機能的だが、シンボリックな神の天蓋という意味では集中式がいい。バシリカか集中式かというアポリアが、サン・ヴィターレ聖堂にもあらわれている。

　ビザンティンの時代は象徴的な空間を生むドームの架構技術が発達した。円形のプランなら、パンテオンと同じだが、バシリカ式やギリシア十字のプランで、ドームをのせるには、矩形の壁のうえに、いかに丸いドームを架けるかという建築的な課題が発生する。そこで四隅にスキンチという細長い部材を斜めに置き、それらをドームに接続していく。またトロンプという小さなアーチを重ねることで、矩形と円筒のあいだを埋め、その上にドームをのせる手法も登場した。幾何学的に巧く解いたのが、ペンデンティブである。これは発想を変え、正方形に円を内接させるのではなく、まず正方形に外接する円をもとにドームを想定し、四辺からはみ出る部分を垂直に切り落とすことで、正方形がなめらかにドームに接続する形態を導く。その際、四隅に生じる曲面三角形をペンデンティブという。後期ビザンティンでは、さらにドームの先端を水平に切って、円形の断面を出現させた。もはや矩形ではなく、円形のプランだから、直径は小さくなるが、そこから2番目のドームを簡単に立ち上げて、高さをかせぐ。

　ビザンティンの傑作、ハギア・ソフィア [6] は古代ローマの壮大な空間を受け継ぎながら、バシリカと集中式の性格を統合し、キリスト教建築の問題に対してすぐれた回答を与えた。バシリカ的な空間の公共性を維持すると同時にドームを架ける。中央に大ドームを置き、その両側に半分のドームをつけ、さらにそれぞれに3つの小さな半ドームがつく。つまり、大小のドームが連鎖しながら、巨大な空間を劇的に支えた類例のない独特な空間であり、古代と中世をつなぐ重要な建築だ。もしくは、古代ローマの最後の輝きといえるかもしれない。後にハギア・ソフィアは壊されず、モスク

［上］5——モザイクの壁画におおわれた、サン・ヴィターレ聖堂（ラヴェンナ）
［下］6——ドーム天井が連鎖する、ハギア・ソフィア（イスタンブール）

に改造された。イスラムは融通のきくシステムをもち、メッカの方角を向く
ミフラーブ（壁龕）とミンバル（説教壇）を付加すれば、既存の建築をモスク化
できる。また周囲に4本のミナレット（塔）もつけた。イスタンブール（コンス
タンティノープルを改称）の多くのモスクは、千年前のハギア・ソフィアをプロト
タイプにしている。現在では考えられない時間感覚だが、当時の構造技
術は、古代ローマのスケールを超えられなかった。代わりにオスマン帝国
は、ハギア・ソフィアの空間形式をイスラム教のイメージに換骨奪胎してし
まう。ゆえに、われわれはハギア・ソフィアを見ると、本来はキリスト教の
教会なのに、なんとなくイスラム的な印象を抱く。

　ビザンティンの建築は、西方と東方が出会う地域で展開した。時代として
は古代から中世へのブリッジにあたる。だが、6世紀末から帝国の崩壊が始
まり、8世紀から9世紀にかけて、イコノクラスムという聖像破壊運動が起き、
人像の表現が否定された。もっとも、アラブへの巻き返しに成功し、中期
ビザンティンの時代には、バシリカにドームをかけた平面から、ギリシア十
字のプランへの移行が認められる。腕の長さが同じギリシア十字は、長軸
の方向性が強いバシリカ式に比べて、集中式の空間に通じる性格をもつか
らだ。ヴェネツィアのサン・マルコ大聖堂は十字形の平面であり、それぞれ
の腕と交差部に合計5つのドームをかける。これはユスティニアヌス帝が6
世紀に建設した十字平面の教会を参考にしており、ギリシア十字が好まれ
た中期ビザンティンの特徴をよく示す。ただし、ハギア・ソフィアに比べて、
空間の流動性は弱い。ローマ時代の建築は、内部の空間だけでなく、デザ
インされた正面もつくった。一方、初期キリスト教の時代からビザンティンの
時代は、完成されたファサードの概念が弱く、外観よりも、まず信者のため
に内部に集う空間を確保するという機能が優先的に求められていた。

■ ロマネスクとヨーロッパ

　ロマネスクは、カロリング帝国の分裂や蛮族の侵入によって、ヨーロッ

パが混迷状態に陥った後、復興する時代に出現した。すなわち、11世紀から12世紀にかけての建築様式である。ローマ建築の遺産を吸収しながら、ヨーロッパ各地で発生した新しい様式だが、力を誇示した壮大な古代ローマに比べると、サイズは小ぶりだろう。「ロマネスク」という言葉は、古代ローマ風という意味である。様式概念としては、19世紀初めにフランスの考古学者が、中世建築をまとめて「ロマン」と呼んだことに由来する。ただし、「擬洋風」のように、当初はローマ建築を稚拙に模倣したという否定的なニュアンスを含む。またイギリスの牧師ウィリアム・ガンも、19世紀初頭に「ロマネスク」の様式名を提唱し、それが古代ローマ末期にあらわれたと考えた。その後、ロマネスク美術の研究が進み、逆にヨーロッパ的なものの創造的な表出として、好意的に解釈される。つまり、ヨーロッパがアイデンティティを自覚した時代というわけだ。

　ゴシックと比べると、ロマネスクは地域的な多様性ゆえに説明しにくい。特定の基準を満たすから、「これはロマネスク」とみなすよりも、中世の建築だが、「これはゴシックではない」と判定する方が簡単かもしれない。ロマネスクは、紀元1000年を無事に過ぎて盛り上がった新しい建築運動であり、しかもローマ的なものとの連続性をもつ中世の建築という意味合いが強い。壁面を極力減らす非物質的なゴシックに対して、小さい窓と厚い壁のロマネスクというとらえ方もできるだろう。またステンドグラスが使われておらず、太陽の光のオンとオフになる。

　ロマネスクの共通項は、バシリカ式を基調としつつ、半円のアーチを連続して使うキリスト教の建築になるかもしれない。巡礼路沿いには、それに適した平面も発達した。だが、同じロマネスクでも、ヨーロッパの北と南では印象が違う。ルイ・グロデッキは、ロマネスク建築の源流として、ゲルマン的なものとラテン的なものを指摘している。前者は北方の木造建築を背景としながら、カロリング朝の幾何学的な建築の影響を受け、多塔の形式に進化したもの[7]。一方、後者は南方の粗野な石造建築を継承

し、東方との文化交流も反映させながら、厚い石積みの空間を生みだした。天井の架構形式も、ローマ建築を継承し、トンネル・ヴォールト、交差ヴォールト、ドームを用いたり、これらを組み合わせた。また各地で採れる特有の素材にも影響され、地域的な多様性を獲得している。ロマネスクの美術は、彫刻も絵画も、建築の装飾として発達した。古典主義の柱頭デザインがオーダーによって束縛されたのに対し、人間、動物、怪獣などが絡む、ロマネスクの柱頭は自由な想像力を羽ばたかせ、石工の腕の見せ所となった。美術史家のアンリ・フォションも、幻想的でありながら、生命力あふれるロマネスクの彫刻に魅了されている。ともあれ、熟成した古代ローマの遺産が、キリスト教の建築を触媒として、中世に新しい空間を生みだした。

7——鋭角的な塔と三葉形プランをもつ、ザンクト・アポステルン教会（ケルン）

■ 到達点としてのゴシック

　ルネサンスの文化人から見ると、ゴシックは他者の様式である。イタリア
の古典主義とは違う、北方のものといったイメージだろう。建築家のフィラ
レーテは、古代の様式を復活させたブルネレスキを称賛する一方、それ以
前の建築は工匠たちの粗野なやり方でつくられており、これをイタリアにも
たらしたのは野蛮人だと述べた。ラファエロも最低の建築とみなしている。
16世紀にヴァザーリが中世の建築を秩序のないデザインとみなし、ゴート族
（ゲルマン人）のものだと述べたのが、ゴシックという名称につながる。つまり、
悪口から始まった。が、これは「印象派」のケースのように、しばしば様式
名が生まれるときに起きる。もっとも、ゴシックはドイツ起源ではなく、実
際はフランスから誕生しており、決して混乱したものではない。なお、美術
史家のウィルヘルム・ヴォーリンガーは『抽象と感情移入』において、ケル
トやイスラムの幾何学的な美術の再評価をしつつ、ゴシック論を展開した
が、これらはいずれも非古典主義である。

　ロマネスクの時代は修道院の建設が盛んだったが、ゴシックの時代は都
市文化が発達し、中心部に大聖堂がつくられた。大聖堂、すなわちカテド
ラルとは、司教の座る椅子「カテドラ」がある聖堂を意味している。12世紀
の後半、イル・ド・フランス（パリとその周辺部）においてゴシック様式が完成
した。その際、聖職者のシュジェールが、光り輝く空間のイメージを提出
したことは重要だろう。ゴシックは内部の空間を超越的に見せるべく、ステ
ンドグラスを壁面いっぱいにとるが、構造的に無理をしたツケを外にまわし
た[8][9]。身体の比喩でいうと、外部と内部が反転して、骨がむきだしに
なった状態だろう。それゆえ、グロテスクにも感じられるかもしれない。

　天を志向する垂直性は、ゴシックの空間的な特徴である。が、要素か
ら定義すると、尖頭アーチ、リブ・ヴォールト（天井を分割する線に沿った肋状の
突起）、フライング・バットレス（屋根の推力を外側の控え壁に伝える飛梁）が重要だ
ろう。ゴシックは構造的な革命だった。尖頭アーチは頂部の形だけで垂直

［上］8——ステンドグラスによって内壁が輝く、パリのノートルダム大聖堂
［下］9——飛梁や控え壁が張りだす、シャルトル大聖堂の外観

性を表現する、わかりやすいかたちであり、ロマネスクから見分けるときの便利な指標になる。後世のゴシック・リバイバルでも、よく使われる記号的なデザインになった。ただし、各要素はロマネスクにも先例があるため、これらを統合して新しい空間を実現したことが、ゴシックの成果である。ゴシックは物理的な高さも追求した。石造の建築としては空前の高さに到達し、大聖堂の天井高を確認すると、パリは32.5m、シャルトルは36.5m、アミアンは42.3mである。現在の建築で換算すると、10階建てのビルがすっぽりと入る。13世紀後半のボーヴェーでは、51mに到達するが、無理がたたって、崩れてしまう。高さの競争は、聖なるものの探究であると同時に、司教や市民が他の都市に対抗意識をもったという世俗的な理由も挙げられるだろう。しかし、イギリスでは時代が下るにつれて、ゴシックは構造と切り離され、装飾が複雑化し、窓や天井の細分化が進行した。例えば、ケンブリッジのキングス・カレッジ・チャペル [10] では、レース模様のような扇状の天井が反復するファン・ヴォールトが登場する。

10——ファン・ヴォールトが反復する、16世紀に完成したキングス・カレッジ・チャペル

ゴシックはヨーロッパに普及したが、やはりイタリアでは受け入れにためらいが残った。シエナ大聖堂は水平線が強く、白い大理石ゆえにゴシックの重厚さが感じられない。ピサの洗礼堂は大理石を多用し、明るく印象が違う。北のミラノ大聖堂も、なかなかファサードのデザインが決まらず、遅れて完成したときには古典主義が入り、中途半端だった。ドイツでは、身廊と側廊の高さが同じになった大きなホールのような内部空間、すなわちハレンキルへという形式が広がる。ケルン大聖堂のような双塔形式のほか、フライブルク大聖堂のように塔がひとつだけ正面につくものが多い。

　古典主義が人間中心の空間だとすれば、キリスト教は人間を超越する神聖な空間を求めた。ローマ時代の末期にキリスト教の教会が登場して以来、古典建築の影響は薄れてゆく。千年近い時間をかけて、キリスト教は独自の空間を追求し、その最高峰としてあらわれたのがゴシックだった。西洋建築史の主流である古典主義に対し、ゴシックはそこからもっとも離れた様式かもしれない。古典主義とゴシックは国境を超え、リバイバルを繰り返すが、この二極のあいだで西洋の建築史はゆれ動いた。古典主義とゴシックの概念は、時代の区分だけではなく、地理的な特性にも関わる。ヨーロッパも一枚岩ではなく、南方のラテンはクラシック、北方のゲルマンやアングロ・サクソンはゴシック的な感性が認められる。

　もっとも、暗黒の中世とルネサンスの断絶を強調する歴史観に対し、すでに中世から古典復興が起きていたことも論じられた。例えば、歴史家のチャールズ・ハスキンズが唱えた「12世紀ルネサンス」である。実際、イスラム世界との接触を通じて、古典文化が西欧に伝わったり、中世後期にシャルトルの付属学校などで学問が活発になっていた。学問の場は修道院から大聖堂に移行し、大学が誕生する。また建築史家のジョン・サマーソンは『天上の館』において、アエデキュラという家型のモチーフに注目し、ゴシックと古代の建築の接点を指摘した。

　20世紀は、モダニズムの時代を反映して、空間の特性を分析する建築

史的な研究が登場した。例えば、ほのかに透き通る壁を重視するハンス・ヤンツェンや、光る壁論のマックス・ドボルシャック、部分性や分割の原理を見いだすパウル・フランクルは、ゴシックの形式論である。また天蓋を通して天上のエルサレムを再現したとするハンス・ゼードルマイヤーや、光と数のシンボリズムに注目するオットー・フォン・ジムソンは、建築の象徴論を試みた。ちなみに、ゴシックの構造的な合理性については、戦争の爆撃の後、リブが壊れても屋根が残ったなどの事例や、構造計算の発展によって神話が崩れている。

■ ゴシック・リバイバルから近代へ

イギリスの国会議事堂[11]はゴシック様式で再建され、ウィーンのヴォーティフ・キルヘは、フランスの大聖堂の忠実なコピーをめざしたように、19世紀はゴシック・リバイバルの動きが発生した。ナショナリズムやロマン主義によって中世とゴシックは再評価され、自国の文化の基盤であると考え

11 ——大火の後、ゴシック・リバイバルの様式によって再建されたイギリス国会議事堂（ロンドン）

られた。もっとも、その展開は各国で異なる。ゴシック論は、イギリスのラスキンやピュージンに代表される倫理的な解釈、フランスのヴィオレ・ル・デュクの合理主義的な解釈、ドイツのヴォーリンガーやシンケルらの民族性に訴えるものなどがあった。いずれも建築の純粋な分析というよりも、強いイデオロギーを反映しているが、建築史家のデヴィッド・ワトキンが指摘したように、近代建築の考えを先どりしている。

批評家のジョン・ラスキンは『建築の七燈』（1849年）において、ゴシックが嘘をつかない真実の建築だから良いと考えた。これは装飾を批判し、外部が内部の機能や構造を表現するというモダニズムの教義と似ていよう。またヴィクトリアン・ゴシックのデザインを展開したピュージンは、良い社会と良い建築を結びつけた。すなわち、産業革命が進み、悲惨な工場労働者を生みだした当時の社会を批判すべく、人々が神を信じていた中世を理想化し、過去のゴシックを推奨したのである。これは来るべき近代社会にふさわしいモダニズム建築を求める態度につながるだろう。けれども、見方を変えると、ゴシックの大聖堂は当時の最先端のテクノロジーを集結したものだから、実は中世のハイテクだった。鉄とガラスの水晶宮は、中世主義者にとって批判すべき産業化のシンボルであるが、皮肉なことにゴシック建築と相通じる。いずれも大きな壁ではなく、線の集積から構成される建築であり、力の流れが可視化されているからだ。

修復建築家のヴィオレ・ル・デュクは、野蛮とされたゴシックを合理的な建築だとみなし、そのイメージを転換させた。彼は本物以上に完璧な大聖堂の理想的なドローイングも描いている。これは修復というよりも、もはや立派な創造だろう。彼は過去にこうだったという実証性よりも、建築をありえたかもしれない完全な状態にすることが「修復」だと考えていた。大胆な修復は、後に破壊行為として批判もされたが、彼の思想はモダニズムの機能主義を予見している。材料や構造にふさわしいかたちが存在するというヴィオレ・ル・デュクの考え方は、同時代的に応用すれば、鉄やガ

ラスで新しい建築をつくるべきということになる。 すなわち、19世紀の後半は、アカデミーで芸術的な教育を受け、過去の様式に囚われていた建築家よりも、工学的な技術によって水晶宮やエッフェル塔を設計した技師が、未来を切り開く鉄やガラスという素材の可能性を発見していたが、一方でゴシック・リバイバルは、過去を振り向きながらも、思想のレベルで近代のデザインを準備した。

2. 反復する古典 〜ルネサンスから新古典主義まで

■ 古代再生としてのルネサンス

　ルネサンスはフランス語で「再生」を意味する。具体的には古典文化の再生であり、美術や文学を含む、総合的な運動だったが、建築の場合はモデルとなるローマ時代の遺跡が身近に残っており、それが直接的に参照された。まずフィレンツェの街から始まり、イタリアを震源地とし、温度差はあるものの、ヨーロッパ各地に広がっていく。また忘れ去られていたウィトルウィウスの建築書がザンクト・ガレンの修道院で発見され、重要なテクストとして浮上した。フィレンツェは君主でもなく、教会でもなく、商人の街であり、15世紀はコジモ・デ・メディチが力をもち、裕福なメディチ家のほか、ピッティ家、ルチェッライ家、ストロッツィ家などが、芸術の重要なパトロンになった。今風に言えば、民間の企業メセナかもしれない。

　サンタ・マリア・デル・フィオーレ、すなわちフィレンツェ大聖堂は、13世紀末に起工したが、ドームは未完だった。そこで1418年にドームを架けるコンペが行われ、巨大な模型を提出したブルネレスキの案が採用され、古代的かつダイナミックな空間を実現した。約43mにおよぶ内径は、パンテオンに匹敵する規模のドームである。特筆すべきは、大がかりな足場や型枠なしに建設する方法を提案したことであり、中世の方法論とは違う。彼は地上50m以上の現場に石を持ち上げる牛力巻き上げ機や、資材の水平移動を行う起重機など、建設のための機械も考案し、以下のような工夫を試みた。二重の殻によってドームを構成し、重量を減らしたこと。2つの殻のあいだに階段を設け、工事の足場にも使われた。次に八角形のドームに8つの大きなリブと16の小さなリブを入れたこと。そして自重で崩れないよう、水平のリングで締めつけること。ただし、ゴシックの建築と比べると、内部からドームを見上げても、ヴァザーリのフレスコ画が描かれ、外観からも技術的な工夫はわかりにくい。

ブルネレスキはローマで古代建築を調査し、比例や構造を学んだ。軽やかなアーチの連続が印象的なオスペダーレ・デッリ・インノチェンティは、当時は捨てられる私生児が多く、世界初の捨子養育院としてつくられた。アーチのあいだに入る円板のテラコッタをよく見ると、幼児のモチーフが描かれている。パッツィ家礼拝堂 [1] は、正方形プランの両側にヴォールトの部分を付加した。中央に12本のリブのあるドームをのせ、ほぼ同型の空間をもつサン・ロレンツォの旧聖具室と比較すると興味深い。オーダーがちょうどくる隅部の処理は、後者が真中で2つ折りにしたのに対し、パッツィ家は中心がずれたところで曲がり、ややいびつだ。サント・スピリト聖堂

1——パッツィ家礼拝堂の天井見上げ
（フィレンツェ）

[2] は、均質な空間の単位が連続し、フラットな天井によって、1：2の比例を高さにおいても成立させる。身廊の幅と高さは側廊の倍であり、全体の三次元的な関係を決定した。外向きの顔としてのファサードは未完だが、内部空間のシステムを重視し、サン・ロレンツォ聖堂をもっと純粋にした透明な数学的空間を極めている。ゴシックが人間を畏怖させる超越的な空間であるのに対し、彼のルネサンス建築は人間の強い意思によって空間を統制した。

■ アルベルティという建築家モデル

　アルベルティは、中世の工匠とは違い、設計と施工の仕事をはっきり分けた建築家の先駆けとされている。図面は描くが、現場の施工は職人が担当するという西洋の近代的な建築家像は、ここから始まった。ブルネレスキはラテン語を読めなかったが、古代建築の構造的な特徴を理解する優秀な技術者だった。一方、学者肌のアルベルティは著述に長け、文化的な教養として古代を再生させた人物である。いわば歌って踊れる建築家だった。アルベルティは、ウィトルウィウスにならい、10のセクションから構成された建築論を書くことで、古代の伝統に接続させながら、新しい時代のために古典主義を整理した。文章を伴うマニフェストを通じて、ルネサンスの建築は自意識をもつ芸術の運動になった。

　ファサードのみを手がけたサンタ・マリア・ノヴェッラ聖堂 [3] は、正方形や円など、幾何学的なパターンにより、色大理石を組み合わせた平面的な書き割りである。また渦巻状のスクロールによって、中央の身廊と側廊の高さの差を吸収するデザインは巧みだ。パラッツォ・ルチェッライのファサードは、異なるオーダーを垂直方向に積み重ねた。コロッセウムでも試みられた手法だが、都市型の邸宅に導入したことが画期的である。マントヴァのサンタンドレア聖堂（1472年着工）(1-3 [15]) は古代の凱旋門や神殿のモチーフをファサードに引用し、サン・セバスティアーノ聖堂（1460年着工）[4]

[上]2──比例によって空間が構成されたサント・スピリト聖堂の内部(フィレンツェ)
[中]3──サンタ・マリア・ノヴェッラ聖堂の平面的なファサード(フィレンツェ)
[下]4──古代のモチーフを引用したサン・セバスティアーノ聖堂(マントヴァ)

も神殿のデザインを導入した。思いきった古典のリバイバルだろう。本来は相入れない中世的なキリスト教と古代的な異教のデザインを融合している。が、それほどルネサンスは古代建築に憧れた。ともあれ、古代の技術ではなく、意匠のモチーフを引用すると、意味のねじれが生じる。

　社会の制度が異なれば、主役となるビルディングタイプは古代と違う。例えば、ルネサンスの時代に闘技場を設計する必要はない。逆に古代ローマは末期になるまで、教会は不要だった。つまり、新しい建築のテーマが設定され、単純に古代を反復したわけではない。都市建築としてのパラッツォは古代にはなく、ルネサンスの建築家の腕の見せ所になった。これは庁舎や邸宅を意味しており、ルネサンスのパラッツォでは街路に対して3層構成のファサード、内側に中庭をもち、軒蛇腹、アーチ、オーダーなど、古典主義の要素をはめ込み、プロポーションの感覚に配慮した。パラッツォのデザインは、ミケロッツォがブルネレスキの影響を受けながら設計した15世紀中頃のメディチ＝リッカルディ宮によって定式化された。外壁の仕上げは、わざと荒々しくするルスティカ積みも好まれた。

■ ルネサンスの建築論

　ルネサンス期は幾何学的な構成が明快であり、建築家の理念をストレートに表現した。そして全体がばらばらの集まりではなく、有機的に連関する。一方、ゴシックの建築は圧倒的な装飾や光の効果によって構成がわかりにくい。ロマネスクはそれほどうるさい空間ではないが、ルネサンスほどに幾何学的な秩序を強調するわけではない。アルベルティはウィトルウィウスを導入しつつ、比例やヒューマニズムを軸とするルネサンスの方向性を設定した。レオナルド・ダ・ヴィンチやフランチェスコ・ディ・ジョルジョも、ウィトルウィウスを解釈しながら、人体と幾何学、あるいは建築を重ねあわせた有名なドローイングを描いている。もっとも、ウィトルウィウスの本は、文章だけが伝えられ、図版の存在は確認されていないため、

後世の注釈として多様な図像が描かれた。

16世紀のヴィニョーラの著作『建築の五つのオーダー』は、図集によってデザインを標準化し、マニュアルとして流布していく。だからこそ、ル・コルビュジエは古いアカデミーの権化として彼を攻撃した。ルネサンス期に発明された透視図法は、美術史家のパノフスキーが『「象徴形式」としての遠近法』で論じたように、世界への窓であり、認識の枠組になる。透視図法は、見る主体と幾何学的に計測される空間の関係を明快に定義した。以前は視覚よりも聴覚の方が優位だったが、それが逆転する近代への幕開けかもしれない。例えば、中世の自由七科は音楽を含むが、絵画は理論がなかったために入っていない。しかし、ルネサンスにおいて、音楽よりも下位だと思われていた視覚芸術が、透視図法という新しい技法を獲得する。

建築書も理論的な体系をもつ芸術であることを主張すべく、音楽から比例理論を借用した。例えば、ユニゾン（同音）やオクターヴ（8度）の音の関係を発生させる弦の長さの比例が、1対1や1対2であり、4度や5度の和音も簡単な整数比に基づくことは古代から知られていた。これは振動数と弦の長さが反比例する物理現象の結果だが、昔の人は世界の秘密が隠れていると考えた。中世の自由七科において理科系の4つの学問は、数学と幾何学と天文学と音楽である。数学と音楽は数、幾何学と天文学は図形を扱うからだ。つまり、音楽理論は数の学問だった。そこでアルベルティが『建築論』で、耳を喜ばす数は目も喜ばせると書いたように、なぜ1対1や1対2の比例が美しいのかという根拠を、すでに理論が確立された音楽に求めた。しかし、17世紀にはそうしたコスモロジーの信仰が崩れ、フランスの建築家・医師であるクロード・ペローは、耳と目は違う器官なのだから、同じ数字で喜ぶわけがないと批判している。

■ サン・ロレンツォ聖堂

サン・ロレンツォ聖堂では、ルネサンス建築の始まりと終わりを体験で

きる。ブルネレスキの旧聖具室 [5] とミケランジェロの新聖具室 [6]、すなわち2人の建築家による同じ形式だが、対照的な意匠の部屋が並ぶからだ。聖堂のまわりは十分な広場がなく、外観は未完なので素っ気ない。内部のバシリカの天井は平らであり、ゴシックの尖ったベイが並ぶ空間とは違う。格天井はいわばグリッドであり、透視図法的な効果を強調する。奥に向かうアーチの連なりは、軽快でリズミカルだ。床面のパターンは灰色と白色できれいに線が引かれ、グリッドの交点として柱を位置づける。やはりオーダーの柱間をモジュールとし、その倍数によって空間のプロポーションが決定された。身廊の幅は2倍、側廊の幅は同じ、翼廊の幅は2倍、正方形の聖具室の一辺は2倍の長さである。ブルネレスキは単純な比例によって記述できる空間を構想した。

　旧聖具室は、新聖具室と比べると、あっさりしており、幾何学というルールを感じさせる。正方形の平面で、壁の高さも一辺と同じだから、キューブを内包する。下半分は古典主義のオーダーを用いるが、コーナーの柱がつぶれており処理が難しい。壁沿いでは、木のテーブルや椅子壇がとりまく。そしてパッツィ家の礼拝堂と同様、ペンデンティブを四隅に配し、中心から12本のリブが広がる大きなドームをのせる。4面には半円のアーチが並ぶほか、様々なサイズの円を使う。おそらく、一部ではアーチとアーチのてっぺんが内接するように、高さを決定している。

　ブルネレスキの部屋は古代的なおおらかさがあるのに対し、ミケランジェロの部屋は過剰な意匠を圧縮し、息をのむような空間だ。が、それだけに2人の個性の違いがよくわかる。鍵穴がない偽の扉は、いかにもマニエリスム的だろう。窓の台形は上にすぼまり、視線をドームに誘う。上下に引きのばされた造形は高さを強調し、実際、旧聖具室よりも1層分高い。ブルネレスキが比例から空間を決定したとすれば、ミケランジェロは空間を技巧的なデザインによって埋めつくした。ここはパンテオン型のドームがのるが、下の層では外側に向かう面が内に向き、内外が反転したような倒

錯を感じる。新聖具室では、壁画の代わりに、なまめかしく光る白い大理石の彫刻群、すなわち「曙」と「夕」、「昼」と「夜」の寓意的な人物像など、ミケランジェロの彫刻群が並ぶ。もしこれらがなかったら、緊張感は失われるはずで、彼らしく建築と彫刻が一体化して構想された。

［上］5——サン・ロレンツォ聖堂の旧聖具室（フィレンツェ）
［下］6——サン・ロレンツォ聖堂の新聖具室

ラウレンツィアーナ図書館は、新聖具室と同様、マニエリスム的な建築である。特に約10m角の直方体のヴォリュームを垂直に立てた階段室は、破綻寸前の張りつめた空間であり、いまにも流出するかのような彫刻的な階段をもつ [7]。ステップの両脇は渦を巻き、さざ波をうつようだ。ミケランジェロは、3連の階段について、中央は支配者、両側は家臣のものと説明したらしい。またペアコラムを壁の中に埋め込み、隅部もていねいに同じ処理を施す。その結果、本来は外側で展開するようなファサードをおりたたみ、室内に包んだような空間を生む。凹んだ窪みにある持ち送りが、壁のラインより少しはみ出ていることで、かえって立体感を強調する。耳たぶみたいな持ち送りが両側についた高窓から採光している。階段室の天井は、図書室の床と同じく、絵になっており、上下が反転したかのようだ。44mの奥行きをもつ細長い図書室は、床は平面の絵、天井はやや立体的なレリーフながら、同じパターンが反射しあう。模様をコピーして引き剝がしたような感じだが、ここも上下のない不思議な空間である。図書室にも偽の窓があり、機能的な役割と切り離された。

■ ルネサンス建築の評価

　遅れてきた世代であることは、完成した様式を崩すという役割をミケランジェロに与えた。当時の著述家、ジョルジョ・ヴァザーリも、彼が通常のやり方と違うことを強調している。ミケランジェロは完全な新築は少なく、既存の建築に対する増改築が目立つ。ポルタ・ピアの城門 [8] は、古典主義的な要素は使うが、ルールを無視した破格のデザインである。彼は粘土模型を好み、透視図法的なスケッチもあまり描かなかったらしい。古典主義の正しさよりも、それぞれの要素を視覚的な効果から見直すことによって、デザインを再構成している。美術史家のハインリヒ・ヴェルフリンも、他の誰にもできないレベルで、ミケランジェロの建築は個人的な気分を表現したと評した。天才神話のエピソードがつきまとうタイプだろう。もとも

［上］**7**──ラウレンツィアーナ図書館の階段室（フィレンツェ）
［下］**8**──変則的な意匠をちりばめたポルタ・ピア（ローマ）

と彫刻家だったから、建築家と違い、古典主義の規範にとらわれず、自由にかたちを追求している。

　ブルネレスキのおよそ100年後にミケランジェロは生まれた。そのあいだにルネサンスは頂点にのぼりつめ、デザインの中心はローマに移動する。1444年生まれのブラマンテは中間の世代であり、同時代において尊敬される建築家だった。セバスティアーノ・セルリオの建築書では、第3書で偉大なる古代ローマの建築を紹介しているが、ここで例外的にブラマンテのテンピエットを収録し、古代に比肩すべき存在として位置づけられている。ミラノのサン・サティロ教会では、狭い敷地だったが、東の端部に透視図法を利用し、内部に仮想の奥行きを与え、ラテン十字のプランに見せかけた。またブラマンテは完全な形態であることから、集中式の平面を好む。ローマのテンピエット[16]は、古代の円形神殿を参照したものだが、小ドームがのる円形のプランはルネサンスの理想をよく示している。彼はサン・ピエトロ大聖堂のプランでも、4方向のファサードが同じになった集中式の平面を提案した。つまり、ブラマンテの偉業によってルネサンスが完成したという認識があった。

　ところで、ルネサンスという言葉と概念が確立したのは、19世紀である。フランスの歴史家、ジュール・ミシュレは、古代の学芸の復興や、自由な人間の発見をルネサンスと捉えたが、これは啓蒙主義からさかのぼってつくられた歴史の構図でもあった。ルネサンスは古代を理想化したが、ルネサンスも後の時代から理想化されている。19世紀にスイスの文化史家ブルクハルトは、イタリアに魅せられ、中世から脱する大きな世界観の転換としてルネサンスを位置づけた。1400年頃に始まり、古代の復活とともに、近代的な個人主義が誕生したことを指摘している。ただし、ルネサンスの光と鮮やかに対比させるために、中世のイメージを暗いものに貶めたことは後に批判された。なお、批評家のウォルター・ペイターは、15世紀のイタリアを中心に記述したが、ルネサンスが12世紀末から13世紀初めのフ

ランス文学に始まったことを論じている。

　日本の建築家の受容を確認すると、吉田五十八が大学を出て初めて
ヨーロッパに旅行したとき、フィレンツェの大聖堂のクーポラに衝撃を受け
ている。彼はまったく太刀打ちできないと考え、西洋にない数寄屋の道を
考えた。前の世代は、明治期の辰野金吾のように西洋の様式を吸収する
ことをめざしたが、吉田や堀口らの19世紀末に生まれた世代は、近代的
な自我を持ち、まずは主体的に考えることからはじめた。自意識ゆえに、
西洋と接触したときに、日本に帰るというルートを選んだのである。また
丹下健三はル・コルビュジエと並べて、ミケランジェロをロマン主義的に高
く評価し、磯崎新も自作で彼を引用したように、強い関心を抱く。

■ マニエリスムとは何か

　建築史の教科書では、しばしば16世紀中頃のパラッツォ・マッシモ[9]
をマニエリスムの事例として紹介するが、湾曲したファサードや、下層の
オーダーが上層のルスティカを支えるという従来の構成の逆転など、古典
主義の素養がない人にとっては、説明なしに理解することは難しい。逆に

9──従来の構成を
反転したパラッツォ・
マッシモ（ローマ）

言わないとわからないことが、マニエリスムの特徴でもある。意図的なルール違反や自由な操作は、本来守るべき規範の存在を前提している。ただし、そもそもマニエリスムの建築とされる作品の数が少ない。ゆえに、ひとつの様式概念として括られるのかどうか難しい。マニエリスムは自立した様式の概念というよりも、正統なものが存在することを前提とし、それからのズレとして定義されるからだ。また後期ルネサンスと呼ばれることもある。

　古典主義は、単語の並び方に規則があるように、建築の文法が存在し、言語になぞらえられる。とすれば、マニエリスムとは、建築をレトリックで設計できることの発見だった。あるいは、建築の言葉遊びであり、だじゃれのようなものかもしれない。オリジナルを知らないと笑えないからだ。が、特殊な操作を理解すると、ファサードを2階から下にずらして、1階と重層させるようなデザインが過激であることに気づく。ジュリオ・ロマーノの自邸[10]では、1層目のペディメントと半楕円アーチの要石がとびだして、2層目に食い込む。マニエリスム的な奇想である。

　絵画の分野から考えると、ルネサンスの画家は自然をよく観察し、リアルに対象を描く。自然の向こうに理想のイデアがあると信じて、その美を写しとる。そこが中世における独特な形式主義の絵画と違う。しかし、ルネサンスの時代にいったんスタイルが確立すると、その後の画家は誰かの

10──ジュリオ・ロマーノの自邸（マントヴァ）。窓枠が二重になったり、入口のペディメントによって水平のはずのコーニスが突き上げられる。

模倣になっていく。つまり、自然を写すのではなく、すでに絵画化された美を参考にした。「マニエラ」とは手法を意味するが、手法が対象化される。モンタージュの整形のように、鼻ならこれ、目ならこれ、というように、各部分のベストを合成すれば、自然には存在しない、ハイパーリアルな人工美ができる。それが逸脱と過剰を引きおこす。

　マニエリスムは鑑賞者に多くの予備知識を要求する。例えば、16世紀のブロンツィーノの絵画《愛のアレゴリー》はわざとらしい不自然な絵だが、「時」の老人など、様々な寓意の解読を前提として作品が成立している。ロマーノによるパラッツォ・デル・テ [11] も、古典主義の約束事を共有しない人が見ると、具体的に逸脱した箇所は気づかない。が、慣れ親しんでいる人はすぐわかる。つまり、古典主義の規則が確立したときに、逸脱が始まる。マニエリスムは時代が変容する感覚を引き受けた。しかし、ロマーノはまったく新しい世界を切り開いたわけでもない。その移行過程、もしくはルネサンスの崩壊として、パラッツォ・デル・テを位置づけられるだろう。

11──パラッツォ・デル・テ（マントヴァ）。ペディメントが割れたり、トリグリフやアーキトレーブがズレ落ちる。

■ マニエリスムの再評価

　16世紀に起きた危機として、繁栄していたルネサンスの文化に陰りを落としたローマ劫掠が挙げられる。これは1527年、暴徒と化したカール5世の軍がローマに侵攻し、大規模な殺戮、強奪、強姦が行われた歴史的な事件だった。美術史においてマニエリスムの概念が発見された1920年代は、第一次世界大戦のあとである。そして次のブームは1940年代の後半、すなわち第二次世界大戦の後になり、マニエリスムは危機的な状況の後に見直される概念だった。文化史家のルネ・ホッケは、ローマ末、中世末、ロマン派、20世紀の中頃など、歴史の各局面にマニエリスムの徴候を指摘している。彼の定義によれば、崩壊する世界を前にして、合理が非合理に転換する表現がマニエリスムである。文学史家のアーノルド・ハウザーも、マラルメ、プルースト、カフカなど、ある種の不透明さをもった迷宮的な文学において、マニエリスム的な傾向を見出した。ゆえに、様式の変形とみなせば、マニエリスムの概念は広い文脈で使えるだろう。横断的な視点としては、ルネサンス―マニエリスム―バロック―後期バロックの枠組によって、美術と文学の変容を論じた文化史家のワイリー・サイファーの著作『ルネサンス様式の四段階』も挙げられる。

　19世紀に執筆された建築史では、マニエリスムやバロックの区分がなく、18世紀までの流れがずっとルネサンス以降として括られた。その後、美術史と建築史が発展し、様式概念は細かく分節された。ヴェルフリンは『ルネサンスとバロック』(1888年)で2つの様式を比較したが、彼のいう「バロック」は、ミケランジェロやロマーノの作品も扱い、いまでいうマニエリスムを含む。当時は過渡期のマニエリスムという概念がまだ認められていなかった。次世代の美術史家、マックス・ドボルシャックは、1520年代のエル・グレコの絵の変形した身体に注目し、古典主義からズレる様式の概念としてマニエリスムを唱え、それをローマの崩壊による精神的な危機を反映したものと位置づけている。

パラーディオは自作の図版つきの著作『建築四書』というメディアによって、国境を超えて圧倒的な影響力をもち、後世の規範になった。これは本が重要な役割を果たしたル・コルビュジエやレム・コールハースなど、20世紀以降の建築家像を予見している。彼は奇想というよりは知的に洗練されたデザインの操作を行い、アルベルティ的な立面を複雑化させた。例えば、イル・レデントーレ聖堂は大小のペディメントを3重に組み合わせ、ファサードにレイヤーをつくる [12]。すなわち、平面に仮想の奥行きを生む透視図法ではなく、多層的なデザインだ。コーリン・ロウが「フェノメナル（現象的）な透明性　パート2」の論文で、パラッツォ・ファルネーゼ、ミケランジェロやパラーディオの建築など、イタリアの古典主義を論じたのは、そうした立面の複雑な操作が認められるからだ。もともと『マニエリスムと近代建築』に収録された論文における「フェノメナルな透明性」の概念は、ル・コルビュジエやキュビスムなど、近代の建築や絵画の多層的な構成を論じるものだったが、マニエリスムの文脈の方が理解しやすいかもしれない。

12──複数のレイヤーによって構成されたイル・レデントーレ聖堂（ヴェネツィア）

マニエリスムに注目したヴェンチューリとロウの解釈は異なるが、彼らの発想ならば、見かけは昔と違っても、現代のマニエリスム的な建築を導くことができる。ロウの影響を受けたピーター・アイゼンマンは、フォルマリズムの手法によって、建築における複雑なシンタックスを追求した。ヴェンチューリによる「母の家」は、一見、凡庸な家型の建築にトリッキーな形態操作を組み込む。やはりポストモダンの建築家、リカルド・ボフィルは、集合住宅を含む都市開発のプロジェクトにおいて直接的に古典主義を引用し、マニエリスムやバロック的なデザインを再演した (3-3 [7])。

■ バロックという躍動

バロックの語源は、ポルトガル語の「バローコ (歪んだ真珠)」に由来する。つまり、丸い真珠ではなく、出来損ないであり、ゴシックと同様、悪口が様式の名称になった。が、まさにバロックは完全な円よりも、それが変形した楕円を好み、ふさわしい名称かもしれない。また18世紀フランスの建築家、カトルメール・ド・カンシーは、バロックを奇妙なもの (ビザール) として侮蔑的に説明している。16世紀末からバロックが登場し、ドイツやスペインでは、遅れて18世紀の前半も続く。反宗教改革と連動したことも特筆される。宗教改革が聖書に戻ること、すなわち形骸化した壮麗な空間を求めない方針だったのに対し、批判されたカトリックの側は、その反対を打ちだす。つまり、絵画、彫刻、建築を総合する、スペクタクルの空間によって、大衆を魅了し、プロテスタントの動きに対抗した。

ルネサンスとバロックは、共通の基盤として古典主義の要素を使うが、構成の方法は大きく違う。ルネサンスが静的・平面的であるのに対し、バロックは動的・立体的である。空間がうごめく感覚は、楕円のモチーフやねじれ柱の多用につながるだろう。また、それまでは隠れた場所に置かれていた階段が、表舞台で活躍する。階段は人々が移動する場であり、ダイナミックな空間だろう。19世紀のリバイバリズムでは過去の様式が復活

し、ネオ・バロックとしてシャルル・ガルニエが設計したパリのオペラ座[13]は、ホワイエの吹き抜けにおける壮麗な大階段が印象的である。着飾った聴衆が集う社交の場となるだけでなく、演目への気分を高揚させる効果をもつだろう。もともとバロックは劇的な空間の演出を得意としたから、華やかさが求められるオペラ座という建築のプログラムによくあう。

　ルネサンス以降の古典主義は、後の研究の精緻化に伴い、バロックの概念が確立し、分離する。さらにマニエリスムが16世紀の中頃にあると

13——バロック的な階段を
もつパリのオペラ座

みなされ、あいだに割り込む。ヴェルフリンがバロックを考察したときは、まだマニエリスムの概念がはっきりしておらず、注意が必要だが、『美術史の基礎概念』では、5つの比較による形態分析を挙げている。例えば、平面性－奥行き性、閉じた形式－開かれた形式、多数性－統一性、明瞭性－不明瞭性などだ。いずれも前者がルネサンス、後者がバロックである。また『ルネサンスとバロック』では、バロックの特徴として、どう見えるかを意識していること、巨大さを志向すること、輪郭を曖昧にすること、そして運動性や光の対比などを指摘した。

　バロック的な空間 [14] で興味深いのは、外側からえぐったようなかたち、すなわち凹んだ曲面の壁である。これは外部から建築を切りとる空隙のヴォリュームが想定されるだろう。実体的な建築だけでデザインを考えると、こうした操作は生まれない。つまり、建築の外部にある都市空間を意識している。一方、ルネサンスは、内側から外側に膨らむ。自己完結的な形態であり、建築と外部の関係性が薄い。ゆえに、外壁はおおむね平らか凸型である。またルネサンスは理知的な構成だったが、バロックは視覚の快楽を求めた。透視図法が額縁から飛びだし、観賞者のいる場所も一体化して覆う没入感覚が認められる。必然的に意識が外側に向かい、建築と広場の関係も重視された。空間を操作する対象は、建築の枠を超えて、都市や庭園に拡張される。ローマのスペイン階段やトレヴィの泉 (1-3 [16]) などの都市デザインも、バロックの産物だった。

　ギーディオンは『空間　時間　建築』(1941年) において、ボッロミーニによるサンティーヴォ聖堂 [15] の螺旋の塔に注目し、内部と外部の空間の相互貫入を実現したエッフェル塔に連なるものと位置づけた。つまり、バロックは「空間」の建築である。モダニズムの勃興によってボザール的な様式教育が失墜し、建築学におけるデザインの位置が危うくなった。そこで彼は「空間」というキーワードを掲げ、構造や環境などに細分化された諸分野の再統合をめざした。20世紀の建築にふさわしい中心概念をつくると同時に、

建築史も空間の視点から書き換えている。今や当たり前のように「空間」が語られるが、それはモダニズム以降に確立したヴォキャブラリーである。近代以前は、むしろ比例や配置、様式やシンメトリーなどが重要だった。彼は、師匠である美術史家のヴェルフリン、アロイス・リーグル、アウグスト・シュマルゾウら、19世紀のドイツ系の建築論で練りあげられた空間研究を引き受けて、20世紀建築のパラダイムとして加工した。

[上] **14**──楕円のサンティニャーツィオ広場を囲む凹んだローマの建築群
[下] **15**──サンティーヴォ聖堂（ローマ）。最頂部に螺旋状の小塔がのる。

■ 分裂する中心としての楕円

　楕円の早い事例としては、1530年代のミケランジェロのカンピドリオ広場が挙げられる。彼はルネサンスを崩し、バロックへの足がかりを準備した。詩人のセベロ・サルドゥイのバロック論『歪んだ真珠』によれば、「円の円周に弾力性をもたせ、円の中心に細胞核のような分裂能力を付与するのである。周囲を引き伸ばし、中心をもうひとつ複製する」。静的な調和＝円を引き伸ばした楕円は、動きを内包するかたちだ。あるいは、分裂した円として解釈できる。ブラマンテによる円形のテンピエット[16]がルネサンスの理想を体現したとすれば、バロックの時代は楕円が平面にも立面にも登場する。教会建築におけるバシリカ式と集中式の視点から考えると、楕円は両タイプの空間の特性をかねそなえた形態と言えるだろう。

　ルネサンスからバロックにかけての西欧は、天文学の転回に加え、本格的な大航海時代が到来し、世界観が大きく変化した。楕円に2つの焦点があるように、旧世界と新世界の二極の関係性が重要になる。思想家のツヴェタン・トドロフは、ヨーロッパの近代は1492年に始まると指摘したが、これは「新大陸」を「発見」した年である。外部の発見は、ヨーロッパの内部にある様々なシステムを変えていく。異文化との接触は、各種の学問を刺激し、建築の分野では起源論を誘発した。そしてローマ・カトリックを中心とした世界観に亀裂が入る。クリスチャン・ノルベルグ＝シュルツの空間論によれば、15世紀の等方的で静的な秩序から、16世紀の分化した動的な空間的継起への移行が建築に起きている。

　大航海時代に入り、最初は16世紀にポルトガルが栄え、同国で発達したマヌエル様式の装飾はインドやイスラムの影響を受けている。やがてスペインやオランダを経由して、アジアやアフリカの情報がヨーロッパにもたらされる。17世紀の宮廷は、コーヒー、紅茶、チョコレート、磁器など、異国の産物を貪欲に求めた。かくしてデザインのシノワズリ（中国趣味）も流行する。1670年、ヴェルサイユのトリアノンでは、中国を連想させる青と

白のタイルをふんだんに使う、陶製の館が建てられた。ヨーロッパの様式を相対化させるまったく異質なデザインの登場である。その後も18世紀のウィリアム・チェンバースによるキューガーデンのパゴダ[17]や、ジョン・ナッシュによる19世紀初頭のブライトン離宮など、東洋風の建築がイギリスに登場した。もっとも、公共の空間は古典主義、娯楽の空間は非古典主義という様式の役割分担がおおむねなされている。

[左] 16──古代ローマの円形神殿をモデルにしたテンピエット（ローマ）
[右] 17──キューガーデンのパゴダ（ロンドン）。風景式の庭園を中国の多層塔風建築が彩る。

■ ボッロミーニとベルニーニ

　ボッロミーニによるサン・カルロ・アッレ・クァトロ・フォンターネ聖堂（サン・カルロ聖堂）[18] は、外壁が激しく湾曲し、下の層は凹凸凹、上の層は凹凹凹のパターンになっており、その食い違いがうねるファサードの特徴を強調する。平面は楕円を押しつぶしたような菱形、その上に楕円のドームがのる。建物全体が呼吸するような生命感をもつ。ドームの内側は、六角形、八角形、十字形を組み合わせ、幾何学的でありながら、幻想的な空間だ。オーダーの柱頭の渦巻は交互に逆巻きになっている。そしてあまり絵画や彫刻に依存せず、建築的な手法によってバロック的な空間を追求した。彼が生涯をかけたサン・カルロ聖堂は、小さい建築であり、権力を誇示する壮大さはないが、密度の高い空間を実現している。ローマの盛期バロックの輝かしい成果のひとつだろう。

　ボッロミーニは強烈な個性をもった建築家であり、風変わりな作風だった。それゆえ、同時代の人からゴシック的だと指摘された。確かに古典主義が明快に分節された空間を求めたのに対し、ボッロミーニの建築は不明瞭に連続する空間である。またボッロミーニレスクといった言葉も使われたように、トリノのグァリーノ・グァリーニ、ウィーンのフィッシャー・フォン・エルラッハ、プラハのディーゼンホーファーなど、北方の建築家に影響を与えた。クリストファー・レンのセント・ポール大聖堂の双塔も、ボッロミーニ式と説明される。なお、白井晟一による佐世保の親和銀行本店は、第1期と第2期の建物は隣接しながら、別々のファサードをもち、その構成はサン・カルロ聖堂を連想させるだろう。

　ローマの同じ通りで近くにある、ボッロミーニのサン・カルロ聖堂 [18] とベルニーニのサンタンドレア・アル・クィリナーレ聖堂 [19] を比べると興味深い。美術史家のカルロ・アルガンは、二人の楕円の違いをこう表現している。ベルニーニのなめらかな楕円は視界を拡張するのに対し、ボッロミーニのそれは連続する空間の相互貫入と統合、あるいは対立を示す、と。

ベルニーニは、他にもローマの噴水群を手がけ、泉の建築家とも呼ばれた。例えば、スペイン階段の下の広場では、テヴェレ川の氾濫後、舟が残ったというエピソードをもとに、舟のかたちをしたバルカッチアの噴水を制作している。都市空間における水の動きは、バロックの感覚と相性が良いだろう。ベルニーニは多才な彫刻家かつ建築家だった。そして教養をもつ宮廷人であり、地味なボッロミーニに比べて、華やかなイメージである。性格も対照的で、ベルニーニは社交的、ボッロミーニは神経質だったらしい。サン・ピエトロ大聖堂の内部では、ベルニーニはそれ自体が動きを内包する、4本のねじれ柱をもつ天蓋をデザインした。またヴァチカン宮殿のスカラ・レジアは上るにつれて、狭く、すぼまる階段を設け、誇張した遠近法により、劇的な奥行きを演出している。またサン・ピエトロ大聖堂の手前に楕円の広場を計画し、それを両腕で抱え込むような巨大な列柱廊も設計した。

[左] 18——サン・カルロ聖堂の外観とドームの見上げ
[右] 19——サンタンドレア・アル・クィリナーレ聖堂の楕円ドーム

■バロックの多様性

　バロック建築の地域性と多様性に触れよう。ローマでは、ダイナミックな大オーダーを使用したカルロ・マデルナによるサン・ピエトロ大聖堂のファサードや、激しい凹凸をもつピエトロ・ダ・コルトーナのサンタ・マリア・デッラ・パーチェ聖堂などが登場した。バロック都市のトリノでは、グァリーニが、波うつファサードのパラッツオ・カリニャーノ[20]、幻想的な幾何学模様のドームをもつサン・ロレンツォ聖堂やサンティッシマ・シンドーネ礼拝堂を手がけている。バルダッサーレ・ロンゲーナによる八角形プランのサンタ・マリア・デッラ・サルーテ聖堂は、海を挟んでサン・マルコ広場の斜向かいにたち、ヴェネツィアのランドマークになった。イタリアを南下して、ナポリ、レッチェ、シチリアにも、バロックの精神は変容しつつ受け継がれる。

　バロックは権力を誇示するのに、ふさわしい様式であり、フランスでは

20──パラッツオ・カリニャーノは、煉瓦とテラコッタの外壁によって湾曲したヴォリュームを表現し、細部の意匠も個性的である。

絶対王政と結びつく。が、あまり激しくならず、抑制のきいた優雅なデザインを維持する。建築家のルイ・ル・ヴォー、室内装飾のシャルル・ル・ブラン、造園家のアンドレ・ル・ノートルによるヴォー・ル・ヴィコント城やヴェルサイユ宮殿と庭園が代表作である。クロード・ペローのルーブル宮の東面も、ペアコラムは並ぶが、全体としてはおとなしい。イギリスのクリストファー・レンは、1666年のロンドン大火後の復興で活躍したが、やは

21——過剰な装飾におおわれたザンクト・ヨハン・ネポムク聖堂

り派手にはならず、理知的なデザインである。逆にドイツのバロックは、アザム兄弟によるミュンヘンのザンクト・ヨハン・ネポムク聖堂 [21] やペッペルマンらのツヴィンガー宮など、過剰な装飾が認められ、建築と彫刻と絵画の境目が曖昧になるほど、総合芸術の空間を演出した。

　スペインでは、イスラムの影響や現地の様式と混ざり、目眩を誘発する装飾が強烈な印象を与える。さらにヨーロッパの進出によって、海を越えて伝搬したメキシコのバロック建築では、空白恐怖症のように、過剰な装飾で表面を埋めつくす。これは「ウルトラバロック」(小野一郎) と呼ばれたように、ただ模倣したわけではない。中南米に転移したバロックを触媒として、土着的な感性が噴出し、装飾が異常に増殖している。新世界と旧世界という2つの焦点ができると、進出した先で過剰なデザインが先鋭化する。様式が伝達されるとき、構成は骨抜きになって、過剰の芽が一気に開花してしまう。

　美術批評家のエウヘーニオ・ドールスは『バロック論』(1935年) において、バロックを幅広く解釈した。彼はバロックを反理性的なものと考え、様々な局面に発見する。そしてマケドニア・バロック、ゴシック・バロック、戦後バロックなど、22例ものバロック属の種を列挙した。ドールスが評価したバロックの建築家は、スペインのホセ・ベニト・デ・チュリゲラだった。「私はといえば、理性の忠実な使徒ではあるが、あえて情熱の雄々しい激しさに敬意を払いたい。恐怖と同時に愛情のこもった畏怖の念を披瀝したい。……チュリゲラ、呪われた建築家、魅惑的なレシーヌよ!」と述べている。もちろん、ドールスがスペイン人だったこともあるが、チュリゲラの建築はイスラムの影響を受けたムデハール様式の装飾性を引き受けながら、バロック的な感性によって「過剰」なデザインを爆発させた。

　ポルトゲージの『バロックのローマ』とヴェンチューリの『建築の多様性と対立性』は、ともにポストモダンの建築家による著作であり、1966年に初版が刊行された。ただし、デボラ・ファウシュが指摘したように、彼ら

の本に収録された写真を分析すると、バロックを対照的な視点から捉えている。例えば、ローマのサンティニャーツィオ広場[14]を比較すると、ポルトゲージは見上げの構図の写真を掲載し、楕円の空隙ヴォリュームがくっきりと浮かびあがるのに対し、ヴェンチューリは遠くから撮影したファサードであり、劇的な雰囲気がない。ポルトゲージの本は、大判の白黒写真が多く、凹凸がはっきりとわかるダイナミックな構図であり、大胆な空間の造形に関心をもつ。一方、ヴェンチューリは1頁に複数の小さい写真が入り、平板な印象だ。一貫性のある近代建築を批判した彼の著作から、バロックの分析を拾うと、サン・カルロ聖堂の平面が十字形にも円形にも見えること、プロパガンダ・フィデは単一軸を持ちながらそれを打ち消す要素もあわせもつこと、グァリーニの教会の平面が二重性と一体性を同時にもつことなど、矛盾した要素を抱え込むことを指摘している。ヴェンチューリは、文学の曖昧性、多様性、対立性、そして批評家ケネス・バーグのいう「複数の解釈」など、文芸批評の概念から影響を受けていた。

　1980年代のディコンストラクティヴィズムの激しい形態も、世紀末のバロック的な傾向と言えるかもしれない。また1990年代のコンピュータの導入に伴う、サイバー・アーキテクチャーのバロック化も考えられる。仮想空間では「流体的建築」が語られ、自由に建築がデザインできるだけでなく、画面の中では、バロック的なぐにゃぐにゃした形態が変容を続ける。新しいテクノロジーは造形の可能性を切り開くために、ときとして過剰な表現を生む。今はそれがコンピュータになった。つまり、デジタル表現主義が、仮想現実としてのバロックを要請する。それは可能世界を追求し、現実の空間では不可能なデザインを表現している。

■ 相対化される古典主義

　18世紀のフランスに登場し、建築・工芸・絵画などの分野で展開したロココ様式は、豪華絢爛なバロックに対して、軽快で優雅な手法である。

また男性的なマッチョさをもつバロックと比べると、ロココは女性的なイメージだろう。具体的な特徴としては、渦巻や巻軸（カルトゥーシュ）、C字、S字などの不規則に湾曲した装飾を使う。もともと庭園のグロットにある岩石や貝殻の装飾を意味するロカイユが、ロココの語源である。建築の平面に注目すると、個人生活の快適さを追求した結果、左右対称の形式にこだわらず、中庭のまわりに多数の小室を機能的に配した非対称の構成を発展させた。哲学者のジャン・スタロビンスキーは『自由の創出』において、ロココは「小さな炎を装飾的にきらめかせ、火の粉を飛び散らせ、権威の神話的イメージを子供っぽく、また女性的にする」、あるいは「建築の固い線を漆喰や指物の細工で蔽いかくし、丸味をつけ、やわらげる」と記した。確かに、ロココは、18世紀に活躍したジャン・フラゴナールやアントワーヌ・ヴァトーの絵画のように、かわいらしいイメージをもつ。

　バロックからロココの時代は、大きな鏡の生産が始まり、効果的に建築の空間に導入された。例えば、向かいの大庭園と対峙するようなヴェルサイユ宮殿の鏡の間が、その嚆矢である。鏡を活用したイリュージョンの空間はウィーンのシェーンブルン宮やベルリンのシャルロッテンブルク宮など、各地の宮殿で模倣された。またジャン・フランソワ・ド・キュヴィエによるニュンフェンブルク宮のアマリエンブルク [22] は、丸い部屋に鏡と窓を交互に配して、外側の自然を映し込むと同時に室内の風景を反射し、現実と仮想の空間を複雑におりたたむ。

　古典主義は変容しながら、繰り返し反復される。同じ枠組でも、その差異こそが重要なのだ。18世紀の新古典主義は、感覚を重視した過剰なバロックに対する理知的な反動であり、シンプルなデザインを志向し、抑制された静的な建築に向かう。建築史家のエミール・カウフマンの形態分析によれば、バロック建築の各部分が相互依存の関係をもつのに対し、新古典主義の部位は自律している。18世紀のフランスでは、ジャック＝ジェルマン・スフロのサント・ジュヌヴィエーヴ教会、イタリアではバロックの延長の

[上] 22——アマリエンブルク（ミュンヘン）の中央にある円形のサロン「鏡の間」
[下] 23——アルテス・ムゼウムの外観は、ギリシア風の列柱廊だが、室内にパンテオン型のドームをもつ。

ようなルイジ・ヴァンヴィテッリのカゼルタ大宮殿が登場した。ベルリンの中心部を飾ったカール・フリードリヒ・シンケルの場合は、アルテス・ムゼウム [23] の外観にギリシア風の列柱が並び、明快な幾何学やシンメトリーが平面を規定する。もっとも、彼はゴシックにも興味を抱き、大聖堂の絵を描いたように、ロマン主義、あるいはピクチャレスクの性格をあわせもつ。そうした意味では、シンケルは古典主義を継承しつつも、絶対のものではなく、相対化している。

19世紀に突入するが、ロバート・スマークが設計したロンドンの大英博物館 (1-4 [9]) は、中央の玄関にペディメントがつき、神殿をファサードに組み込んだグリーク・リバイバルの典型例だろう。これは大英帝国の拡張と権力を誇示するような巨大な博物館である。一方、ジョン・ソーンは、イングランド銀行のような大作の古典主義も手がけたが、スマークとは対照的に複雑かつ私的なデザインによって自邸を博物館化した。サマーソンは、グリーク・リバイバルの時代において、ソーンが探究心に富んだ独創的なイギリス人の建築家だったと評価している。新古典主義の潮流と関わりながら、濃密な細部をもつ自邸のように、個性的なデザインを試みており、純粋な古典主義ではない。ピクチャレスクを交配させたデザインである。ペヴスナーは、ソーンの空間は不安定な性格が強いことから、古典主義を包含するロマン主義として位置づけた。

ソーンは2年間のグランドツアーに出かけ、イタリア各地の遺跡や古典主義を訪れ、しかも将来のパトロンを見つけた。19世紀の建築界は、様式がカタログ化して並列する歴史主義、あるいは折衷主義の時代になったが、グランドツアーで歴史を俯瞰するという慣習と無関係ではないだろう。ソーンは建築が美術の女王であり、絵画や彫刻はその侍女だと考え、コレクションは自邸を飾るものだった。彼は、レンやロバート・アダムの建築ドローイング、カナレット、ホガース、ターナーの絵画、人体の骨組、エジプトのミイラ、シェイクスピアの胸像、ストーンヘンジの模型、エレクテイ

オンの貴重な断片などを所蔵している。

　すでに決められた5つのオーダーの枠組にとどまらず、ソーンが第6の
オーダーを考えようとしたことは、古典主義への相対的な態度をあらわす。
建築理論家の司祭、マルク＝アントワーヌ・ロージェも、オーダーは暖かい
気候の地域で発明されたから、それを異なる環境で使う不便さを説いた。
もはやギリシアに由来するオーダーは絶対ではない。ソーンは、ロイヤル
アカデミーのレクチャーで、ヘンリー・エムリンの著作『建築の新しいオー
ダーのための提案』（1781年）に触れたり、ジョージ・ダンスによるアンモナ
イトのオーダーやモン・ド・ラ・ロッシュの英国式オーダーを紹介した。な
お、18世紀の変わった実例としては、ベンジャミン・ラトローブが、ワシン
トンの国会議事堂でとうもろこし（1-5［9］）やタバコをモチーフにした柱頭
をデザインしている。

■ 近代の起源としての新古典主義

　西洋におけるパルテノンの再発見は大きく状況を動かした。ギリシアは
トルコが長い間制圧した場所だったが、東と西の地政学的な変化が生じ、
西洋人が訪問するようになり、それまで直接にはわからなかった情報が開
示される。すると、ウィトルウィウスの伝えるギリシア像が不正確だったこ
とが判明し、ルネサンス以来の絶対的な権威が揺らぐ。古典主義の根源
に亀裂が入り、内部から壊れていく。ゆえに、別の規範を求めて、さらな
る起源回帰に向かう。例えば、ロージェは『建築試論』においてギリシア
以前の「原始の小屋」を構想した。一方で、考古学的な精密さを要求する
態度が登場している。またゴシック建築を保存するフランスの国家的な事
業からも建築史が誕生する。19世紀ドイツの考古学は精力的にギリシア
を研究し、もとは白亜の神殿ではなく、細部が意外に豊かな色彩で装飾
されていたことがわかり、ポリクロミーが注目された。しかし、20世紀に
入ると、様式建築を否定したモダニズムの美学によって、今度はデザイン

がホワイトに漂白されていく。写真も白黒の時代であり、タウトがカラフルなデザインをしても、モノトーンのイメージで伝達されるから、抽象的な造形を際立たせないといけない。

　新古典主義は、ギリシアへの回帰に向かう。だが、これは古典主義の危機でもある。起源や原理の探究を突きつめると、過激な建築家は装飾をはぎとり、純粋な幾何学への還元にまで到達したからだ。特に18世紀のフランスの幻視的な建築家、エティエンヌ・ルイ・ブレーやクロード・ニコラ・ルドゥー[24]らが、革命的なドローイングを制作する。啓蒙の時代において、科学者のニュートンは神格化され、ブレーはその完全性を巨大な球体建築によって表現した。しかし、ニュートン記念堂や、ルドゥーによる幾何学的な建築群で構成された理想都市など、彼らのアイデアは実現されたわけではない。1960年代にはアメリカで「幻視の建築家たち」展が開催され、彼らの再評価が行われた。カウフマンは、その著作『三人の革命的建築家　ブレー、ルドゥー、ルクー』において新しい自律的な形態の運動が始まったことを肯定的に論じ、さらに『ルドゥーからル・コルビュジエまで　自律的建築の起源と展開』を通じて、直接的な影響は与えていないが、18世紀のデザインを遠い近代の源泉と位置づける見解を示した。一方で美術史家のハンス・ゼードルマイヤーは、神なき世界における悪しき近代芸術の徴候としてルドゥーをみなしたが、自律的な表現という同じ現象を別の見方から捉えたものである。

　カウフマンは、ブレーとルドゥーを1730年世代、ジャン・ジャック・ルクーを1760年世代と位置づけた。遅れてきたルクーも、球体建築を提案しているが、むしろ混乱に近い多様なデザインのひとつに過ぎず、パロディ的な部分もある。また建築の断片をちりばめ、詩的なイメージを備えたルクーの「ベルビューの寄合所」を建築的なシュルレアリスムの先駆けと評価した。さらにフィリップ・デュボワは、ルクーの個性的な表現を美術家のマルセル・デュシャンにつなげている。なお、1760年代生まれのデュ

[上] 24——ルドゥーの作品模型。彼が構想したユートピア的な都市計画では、ほとんど装飾をはぎとった幾何学的な建築群が提案された。

[下] 25——AEGタービン工場（ベルリン）は、鉄骨の折れ屋根や側面の鉄骨柱の反復に古典主義の残像が認められる。

ランは、球体が良い理由は、シンボリズムではなく、最小限の表面積で最大の容積が入るからという経済的な理由を挙げた。カウフマンは『理性の時代の建築』を刊行したように、啓蒙の世紀を意識し、光が当たる明るい部分に注目した。一方、サマーソンが論じた1770年代生まれのイギリスのドラフトマン、ジョセフ・マイケル・ガンディーは幻想的なイメージである。またアンソニー・ヴィドラーのルドゥー論は理性の人としては描いていない。ルドゥーの建築書は、革命への恨みなど、個人的な不満を述べた新しいタイプの語り口であり、ジャン・ジャック・ルソーの自伝文学のスタイルも想起させる。

ともあれ、近代は近代以前から始まっていた。ニコラウス・ペヴスナーの『モダン・デザインの源泉』は、近代的な思想を読み込み、19世紀のアーツ・アンド・クラフツ運動からドイツ工作連盟の成立までをつなげる。ギーディオンも、19世紀に導入された新しい構造や素材が近代の空間を準備

26——古典的な構成が指摘される、ミース・ファンデル・ローエのイリノイ工科大学クラウン・ホール

したとみなす。とはいえ、規格化を推進したドイツ工作連盟のムテジウスは古典主義的な感覚を維持し、ペーター・ベーレンスのAEGタービン工場（1910年）[25]は直接的な引用ではないが、古代神殿のペディメントや列柱を想起させるデザインだった。ミース・ファン・デル・ローエのモダニズムにも、クラシックな感性の残像が指摘できるだろう[26]。カウフマンは幾何学的な形態に注目し、近代をもっと遡らせて、18世紀にまで戻し、その中心地をフランスに書き換えた。建築史家のジョセフ・リクワートの『ファースト・モダンズ』も18世紀を研究したが、フランスの革命様式を外し、イタリアのカルロ・ロドリの機能主義的な思想などを高く評価している。また17世紀後半のフランス文学界の新旧論争に言及した。すなわち、過去を模範とする古代派と、理性を重視する現代派の対立である。もっとも、ウィリアム・カーティスは『近代建築の系譜』において近代を遡るゲームを続けると、ギリシア時代から近代が始まると揶揄した。

3. 装飾の排除から復権へ

■ 建築の装飾とは何か

そもそも建築にとっての装飾とは何か。

一見、自明のように思われるが、改めて考えると、意外にややこしい問いであることに気づく。なぜなら、おそらく近代に入り、モダニズムの建築が登場したことで、われわれがよくなじんでいる装飾の概念が定義されたと思われるからだ。つまり、何を装飾とみなすのかは変化している。古代ローマのウィトルウィウスは、その建築書において、強、用、美の三要素が重要であると説いている。すなわち、「強」は頑丈さであり、「用」は使いやすさや快適性、そして「美」はいわゆる芸術性を意味している。当時はギリシアに由来する古典の枠組を基本としており、現在のわれわれが装飾的だと考える様式の細部こそが、おそらく建築に優美さやシンボル的な意味を与えるものだった。しかし、近世から徐々に新しい考え方が生まれ、近代のモダニズムは、機能性や構造に美を見いだすようになった。つまり、「美」は「強」や「用」によって導かれるものに変化する。逆に装飾は、機能主義には不要なものとして切り捨てられていく。

もっとも、ルネサンス時代のアルベルティが執筆した建築書は、柱礎、方盤、溝付き円盤、平縁など、古典主義のディテールがそれぞれどのように寸法の関係性をもつべきかについて、詳細に比例を記していた。つまり、これらはただの装飾ではなく、むしろ建築的に構成すべき要素なのである。逆に言えば、ルネサンス期の建築は、ブルネレスキによるフィレンツェ大聖堂の巨大なドームを除くと、モダニズムのように、新しい構造に挑戦することは重要な課題ではなかった。いまでいう古典主義の装飾的な細部の調整が、まさに建築だったのである。そして様式なきデザインは美のない建物に過ぎず、「建築」ではなかった。ただし、コリント式オーダーの柱頭を包むアカンサスの葉は具象的であり、比例によって規定し、制御する要素

ではないので、やや装飾的と考えたかもしれない。とすれば、抽象的な建築に付随する具象的な彫像や壁画（中世の教会も含む）、あるいは古典主義を使わないインテリアのデザインなども、当時の建築家にとって、自分の仕事ではない装飾的なものとみなされたのではないか。

　だが、石やレンガ、もしくは木に代わり、新しい材料として鉄とコンクリートを使うようになったモダニズム以降の建築は、ヒエラルキーを再編し、構造や機能を重視する一方、装飾を二次的な要素、すなわち下位のものとみなすようになった。なお、ここでいう装飾は、古典主義の細部を含む。特にアクロバティックな構造の探求は、「美しきもののみ機能的である」と語った丹下健三の国立代々木競技場（1964年）や、エーロ・サーリネンの旧TWAターミナルビル（1962年）[1]などに代表されるような構造表現主義を生みだした。もっとも、構造を過剰に表現したデザインは、必ずしも即物的な建築ではなく、シンボリックな意味を背負いやすい側面をもつ。例えば、東京オリンピックのスタジアムだった国立代々木競技場は日本的なるもの、国際空港のTWAターミナルは翼を広げた鳥という風に。本来、モダニズムは、既存の様式とセットになった装飾を排除することで、形態からシンボリックな意味を消失させようとしたことを想起すれば、皮肉な状況である。

1──上空から見ると、鳥が翼を広げたような造形の旧TWAターミナルビル（ニューヨーク）

■「空間」の発見

　ただし、古典主義も一筋縄ではない。バロック建築の場合は、視覚的なインパクトを追求し、装飾が過剰になり、絵画や彫刻を含めて、総合的にドラマティックな効果を演出している。その結果、ジャンルの境界がはっきりしない、渾然一体としたデザインをめざした。またバロックの時代は、ルネサンス的な比例よりも、全体的な構成を工夫し、劇的な空間体験を与えるべく、大胆な試みを導入している。ときには外部の広場に対して凹んだ壁をつくるなど、空隙＝ヴォイドを操作し、形態ではなく、いわゆる空間そのものをデザインの対象として扱う。だが、18世紀に理念を重視する新古典主義の時代を迎えると、デザインの傾向が変化し、エミール・カウフマンは、どう見えるかではなく、どう在るのかが大事だったと指摘している。ブレーのニュートン記念堂、すなわち完全な球体の建築は、こうした背景において登場した。モダニズムを先取りした純粋かつ幾何学的なデザインであり、かろうじて人が昇降する階段やアーチ状の入口が存在することで、そのスケール感が建築の巨大さを示す役割を果たしている。

　空間の概念は、モダニズムを推進すべく、その理論的な枠組をつくりあげた建築史家・批評家のジークフリート・ギーディオンが特に注目したものだった。彼は『空間　時間　建築』(1941年) などの著作を通じて、近代において外部と内部が相互貫入する空間が出現したことを論じ、モダニズムのデザインの可能性の中心に据えた。さらに様式に代わる空間という新しい切り口から、建築学のさまざまな分野を再編成できると説いている。ところで、批評家のマーク・ウィグリーは、ギーディオンがピューリタン的な厳しさをもち、女性的なもの、装飾的なものを嫌っていたことを指摘した。建築とは永続性が求められるものであり、それゆえに、はかない要素をとるにたらないものとみなした。

　言うまでもなく、空間とはモノがない余白の部分であり、それゆえモノとして存在する装飾とは関係がない。20世紀において、いかに空間を構成

するかが、建築の主要な課題として浮上した。当然、古代から建築の空間は存在していたが、あくまでも結果的に生じるヴォイドであり、建築家はモノの部分をデザインしていた。また1919年に創設されたバウハウスは、家具、金属、陶芸、織物など、各分野の工房を開設したが、全体を統合する建築のデザイン教育は、積み木のように、様式が剥ぎとられた幾何学的なヴォリュームの三次元的な構成を主軸とした。新しいメソッドは世界中に広がり、その影響は今日まで続く。かくして建築界において、古典主義の装飾は忘却されていく。これらのモダニズムが倒すべき敵と考えていたのが、パリのエコール・デ・ボザールのように、過去の様式を習得し、二次元のドローイングを美しく描くことを目標とした旧来の教育システムだったからだ。

■ 様式の黄昏

　エイドリアン・フォーティによれば、新古典主義が興隆した18世紀の中頃からフランスでは、ロココ様式を女性的なものとして批判する一方、デザインを称賛する場合は男性的という言葉を用いていた。例えば、ジャック・フランソワ・ブロンデルの著作『建築講義』は、シンプルな男性的な建築は公共の場に適しているが、イオニア式の柱を使う建築は女性的であり、前者は後者よりもすぐれていると述べている。なるほど、すでに古代のウィトルウィウスは、イオニア式の柱頭の渦巻は、女性の巻き毛に由来すると説明していた。つまり、優美なオーダーはフェミニンな性格と結びつく。建築の言説では、ファッションが女性的なものと結びつけられた。例えば、19世紀のシャルル・ガルニエは、女性のファッションが彼の代表作、パリのオペラ座の豪華な装飾の一部になるとみなしたという。すなわち、派手に着飾った女性が多く集まることで、ネオ・バロックの内部空間が補完されるのだ。もっとも、フォーティは20世紀の建築が中性的なものとして語られる傾向があったと指摘している。

モダニズムの直前の時代となる19世紀は、ネオ・ゴシックやネオ・バロックなど、過去の様式を建築の用途や性格にあわせて使うリバイバリズム、もしくは異なる様式をミックスさせる折衷主義の時代だった。すなわち、ある時代にひとつの様式が対応するのではない。むしろ、それぞれの様式は徹底的に相対化され、単なる着せ替えの衣装と化し、様式そのものが装飾化した。一方、同時代には新しい工学技術によって、ロンドン万博の水晶宮（1851年）[2] やパリ万博のエッフェル塔（1889年）が登場したが、これらはいわゆる建築家ではなく、技術に精通したエンジニアのジョセフ・パクストンやギュスタヴ・エッフェルによって設計され、従来の建築に必須だった様式をまとっていなかった（それでも、現在のわれわれからは装飾的な細部が認められる）。当時のアカデミーで学んだ建築家は、おそらく計算の産物で生まれた構築物を「建築」とはみなさなかったはずである。だが、その後の歴史が証明するように、20世紀の空間を切り開いたのは、エンジニアが発明したデザインだった。

　ウォルター・ベンヤミンは、技術に包囲された芸術の最後の砦として、アール・ヌーボーを論じていた。これは技術としての建物と芸術としての建築に引き裂かれた19世紀の状況を踏まえ、再び両者を縫合する試みとして登場したアール・ヌーボーを指す。アール・ヌーボーは、過去の様式と断絶し、その名の通り「新しい芸術」を掲げたが、鉄の曲げやすい性質を生かし、植物を参照しながら、曲線を多用する装飾的なモチーフを創造した [3]。建築家のアンリ・ヴァン・デ・ヴェルデは、妻のマリアのために、アール・ヌーボー的な装飾がついた服をデザインし、家庭着、庭仕事着、喫茶着、外出着、社交着などの機能に応じた洋服も制作した。長谷川堯によれば、衣服は壁紙を含むインテリアの一部であり、空間の総合芸術を完成させるために必要なデザインだった。これは前述したガルニエによるオペラ座と同じ考え方である。もっとも、アール・ヌーボーは、近代に重視された「強」と「用」の普遍性を獲得しておらず、一過性の流行として短命に終わってしまう。

［上］2——上海万博博物館に展示されている水晶宮の模型
［下］3——装飾的な曲線を多用する、ヴィクトール・オルタ自邸（ブリュッセル）

■ 装飾の否定と再考

装飾を厳しく批判したショッキングな近代の言葉として、アドルフ・ロースの「装飾は犯罪である」(1908年) はよく知られていよう。彼によれば、装飾はパプア人の刺青のようなものであり、文化の進化とは日常品から装飾を除くことを意味している。そして昔はカラフルな服装によって個性を主張する必要があったが、近代人は精神的な強さをもっているので、装飾が不要だという。が、当時はスキャンダルになった彼のロースハウス[4]は、現在のわれわれからすると、十分に装飾的に見えるだろう。また同じウィーンで活躍したオットー・ワグナー[5]は、芸術は必要にのみ従うと唱え、革新的な内部空間を設計したが、やはり彼の作品を現代の水準から判断すると、完全に装飾を排したデザインには見えない。むしろ、効用性だけからは説明しがたいデザインが独特の優美さを与えている。ちなみに、2人は、装飾がない男性服を機能的なものとみなし、近代にふさわしいものと考えていた。

ロースの言説については、装飾を一種の病理とみなす道徳的な思想が投影されており、19世紀に恐れられた、精神科医のチェザーレ・ロンブローゾらが唱えた退化論の影響が指摘されている。装飾は退化現象の徴候だからこそ、犯罪的とされた。ただし、ワグナーやロースは、完成したモダニズムへの過渡期に位置する建築家であり、むしろ本格的な無装飾のデザインは、ル・コルビュジエの『建築をめざして』(1923年) やグロピウスの『国際建築』(1925年) などの著作において、数々の写真が紹介された工場やサイロが先に実現している。モダニズムの目は、こうした産業施設などの実用性が最優先されるビルディングタイプに対し、一切の様式や装飾をまとわず、抽象的なヴォリュームだけで構成された新しい美を発見した。

しかし、1960年代から興隆したポストモダンの建築論は、モダニズムが抑圧した地域性、場所性、歴史性、装飾性などの要素を再導入した。ロバート・ヴェンチューリは、古典主義の建築の構成を分析し、現代のデザインに応用する著作『建築の多様性と対立性』(1966年) で注目された[6]。

［上］4——ミヒャエル広場に面してたつ、
ロースハウス（ウィーン）
［下］5——オットー・ワグナーが設計した
シュタインホーフ教会の内部（ウィーン）

彼とデニス・スコット・ブラウンらの共著『ラスベガスから学ぶこと』(1972年)は、1960年代にロードサイド沿いに発展した人工的なカジノ街を調査し、「あひる」と「装飾された小屋」の概念を提出する。「あひる」とは、コーヒーカップのかたちをした喫茶店のように、建築全体の形態を歪ませて、人目を引くデザインのこと。一方、「装飾された小屋」とは、道路脇の看板(=装飾)とその奥にある箱型の本体(=小屋)を分離することで、高速で自動車を運転するドライバーに対し、効果的なコミュニケーションをはかるものだ。ポストモダンの建築が情報伝達を考えるとき、店舗のデザインに注目するのは当然の帰結だった。ヴェンチューリらは、形態よりも看板やサインがもつ象徴的な機能を重視し、「装飾された小屋」をロードサイドにふさわしいデザインとして高く評価した。

また批評家のチャールズ・ジェンクスの著作『ポスト・モダニズムの建築言語』(1977年)は、記号論を援用しつつ、画一的なデザインのモダニズムが使用者とのコミュニケーションに失敗したことを糾弾し、ポストモダンの建築はさまざまなレベルでわかりやすく語りかけるものだと論じている。古典主義の時代は様式における装飾が意味を担っていたが、彼による建築の意味論は、やはり装飾的なデザインを重視しており、その現代版といえるかもしれない。ともあれ、1980年代にピークを迎えたポストモダンの建築は、鮮やかな色彩、にぎやかで多様な装飾、派手な形態が特徴になった [7]。

［上］**6**──ヴェンチューリ・スコット・ブラウン・アソシエイツによるシアトル美術館は、柱のフルーティングのような溝がファサード全体に刻まれている。
［下］**7**──古典主義を復活させた、リカルド・ボフィルのアブラクサスの凱旋門と劇場（集合住宅）

■ 現代建築における装飾

　だが、21世紀になって注目されたブランド建築は、青木淳によるルイ・ヴィトン [8] など、色調を抑えたシンプルな箱型であり、それを包む表層において ミニマルな要素を反復するオプ・アート的なデザインを好む。ポストモダンのグラフィックな建築は、竹山実による新宿の一番館 (1968年)・二番館 (1970年) [9] のように、看板の建築化をめざした。一方、ガラスのファサードにグラフィックが重なり、その背後が透かし見える90年代以降のデザインは、コンピュータのモニターを模倣したかのようだ。また建築そのものが映像の大きな画面となる建築も登場している。もはや表層こそがテーマであり、かたちが消えていく。形態の差異よりもラッピングする外装が、商品のブランド価値のイメージを与える。透明なガラスの多用、映像的な

8──青木淳が手がけたルイ・ヴィトン名古屋栄店の夜景

効果、コンピュータ画面の模倣、そして形態の喪失。こうした傾向は、情報化時代のイメージを反映した建築といえる。

　現代の構造と装飾の関係を整理すると、2つの潮流に分けられるだろう。

　第一に、構造と装飾の一体化である。一般的に建築は、構造が全体のフレームを決定し、後から装飾が付加される。装飾を再評価したポストモダンでも、構造を上位とするヒエラルキーは変わらない。しかし、コンピュータの発展がもたらす計算技術の飛躍的な進化によって、構造を単純な反復やグリッドなどの枠組におさめる必要がなくなり、かたちの自由度が増大した。そして装飾的な効果を発揮する複雑な構造デザインが実現可能になった。例えば、伊東豊雄のトッズ表参道ビル[10]における街路沿いの樹木のように複雑に分岐するコンクリートの構造や、せんだいメディア

[左] 9——ヴォリュームの構成よりもグラフィックが目立つ、二番館
[右] 10——ケヤキ並木を意識したトッズ表参道ビルの特殊な構造

テークのうねるチューブなどである。

　第二に、あくまでも構造と装飾を切り離して考えるもの。例えば、青木は当初、ルイ・ヴィトンの仕事で表層しか設計できないことに抵抗を感じたが、やがて装飾は装飾でいいのではないかと思い、むしろ装飾自体に別の可能性があると考えるに至った。隈研吾が得意とする表層のルーバーも、一種の装飾だろう[11]。反復されるルーバーは、その内側を隠しつつ、同時に部分的に見せる。しかも、プロジェクトごとに地域産の木材や石材を活用すれば、世界中どこでも一定のクオリティのデザインを達成できる。いわばグローバルかつリージョナルな要求を同時にクリアできる装飾的な手法だろう。

　最後に未来的な装飾として、筆者が監修した「インポッシブル・アーキテクチャー」展（埼玉県立近代美術館ほか、2019-20年）の最終セクションで紹介したマーク・フォスター・ゲージをとりあげよう。ヘルシンキ・グッゲンハイム美術館[12]やニューヨークの西57番街タワーのプロジェクトは、インターネットからダウンロードした無数の3Dモデルを集積させながら、あらゆる表面を埋め尽くした高密度のキメラ建築である。これらは現時点では実在しない。注目すべきは、ブランド建築と違い、3Dモデルはアリ、馬、翼、ワニなど、具象的な立体造形を数多く含み、明らかに装飾である。ただし、個別のモチーフは寓意にもとづくものではなく、特別な意味はない。ネットに転がっているガラクタの寄せ集めである。展示会場における高解像度のプレゼンテーションは、SFの映画やアニメに登場する建築のようにも見えるだろう。コンピュータの時代のバロック建築とでもいうべきデザインであり、明快な中心軸をもつ左右対称のクラシックな構成なのだ。設計者がアメリカの大学において古典建築とデジタル・デザインを学んだ経験が生かされているのは興味深い。もし彼のプロジェクトを実現するならば、おそらく熟練した職人ではなく、建材に活用できる大型の3Dプリンタの技術が必要となるだろう。

図解編 4

一般的に古典建築の柱頭のデザインは、ドリス式、イオニア式といった名称でひとくくりにされがちだが、それぞれの建築のために特別にデザインされることも多く、しばしば建築家の腕のみせどころになっている。第4部では、日本近代の古典主義建築から16の柱頭をとりあげ、写真と図を付けて解説した。これら16の柱頭は、近代の日本人建築家の作を中心にしつつ、日本人以外の設計者によるものも含め、また、デザインとしても標準形に近いものから創意が大きく加えられたものまで収めるよう、バランスを考慮して選んだ。解説は、これら以外の柱頭にも応用できるよう、あえて形式的な記述としたが、一つ一つ見ていけば、どれも個性豊かなディテールを持っていることがわかるだろう。

　実際に建築を観察する中で、それぞれの柱頭の個性を読み取るためには、まず標準的な概形を理解しておくとよい。第4部の最後には、ドリス式柱頭、イオニア式柱頭、コリント式柱頭の標準的な形についての簡単な解説を付けた。ただし、第1部でも触れているように、ルネサンスの建築書でもそれぞれの著者によって細部は異なるので、厳密な意味では絶対的な標準形が存在するわけではない。本書ではヴィニョーラの建築書の図にもとづいて解説している（G・B・ヴィニョーラ『建築の五つのオーダー』長尾重武編、中央公論美術出版、1984年、オリジナルの刊行は1562年）。ここでヴィニョーラを選んだ理由は、図が非常に美しいこともあるが、ルネサンスの建築書の中でもっとも流布したもののひとつであるため、実際の建築にもこれに似たデザインが多く、例として適切と考えたからである。当然、これとは異なる形も多いが、まずこの形を基準としてみていくことでそれぞれの特徴が浮かび上がるだろう。

旧東京帝室博物館 奉献美術館
（東京国立博物館表慶館）［ドリス式］

片山東熊　1908（明治41）年

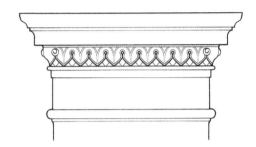

　旧東京帝室博物館奉献美術館の正面ファサードの付柱のドリス式柱頭は、アバクス（四角い板状の部分。p. 291参照）と反シーマ（上部が凸曲し下部が凹曲する反転曲線の繰形。p. 291参照）とネック（頸部）から構成されている。

　アバクスはその上部に薄い平縁と小さな反シーマを載せている。アバクスの下は、通常はエキヌス（1/4円弧の輪郭の繰形。p. 291参照）だが、ここではその代わりに反シーマがおかれ、その表面には、やや幅広でふっくらしたカーブの水葉装飾が施される。その反シーマの下は、薄い玉縁と帯状面によってネックと隔てられ、また、柱身とネックとの境は玉縁によって区切られている。

　付柱のドリス式柱頭は、しばしばエキヌスを反シーマでおきかえた形で作られる。この柱頭では、その反シーマに水葉装飾を施すことによって、建築の外観にほどよい陰影が添えられている。

左下：旧横浜銀行本店別館（元第
一銀行横浜支店）（ヨコハマ創造都
市センター）（内部）［ドリス式］
右下：旧横浜銀行本店別館（同）
（外部）［トスカナ式］

この2例はどちらも、アバクスの下
に、反シーマではなくエキヌスがお
かれるという、標準的な構成である。
なお、トスカナ式柱頭は、細部がよ
り簡素に作られているが、基本的な
構成はドリス式と同じである。

旧横浜正金銀行本店本館
（神奈川県立歴史博物館）[イオニア式]

妻木頼黄　1904（明治37）年

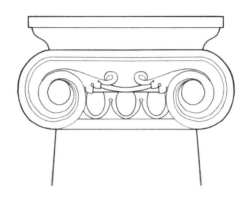

　旧横浜正金銀行本店本館の正面ファサードの2階窓に見られるイオニア式柱頭は、アバクスと渦巻とエキヌスから構成されている。

　渦巻は、太い縁が約2周回転し、中心には大きい「眼」を持つ。エキヌスの上には、左右の渦巻をつなぐラインがなだらかな曲線で垂れ下がる。それぞれの渦巻の横にはユニークな形にデフォルメされた植物装飾があり、エキヌスには覆いかぶさらず上部に載っている。植物装飾の先端は3つに分かれ、下の2つは矢印のように鋭く、上のひとつは丸みを持って反り返る。渦巻の側面は、なだらかな曲面で、中央に3本の縁が巻かれる。

　エキヌスは、くっきりと縁取られた3つのオヴォロ（卵形装飾）で飾られ、滑らかな玉縁の上に載っている。

　この柱頭はやや高い位置にあるが、大きめにデフォルメされた渦巻の「眼」や、幅いっぱいに広げられたオヴォロは、離れた場所からもくっきりと見える。

旧三井銀行横浜支店
（三井住友銀行横浜支店）[**イオニア式**]

トロープリッジ＆リヴィングストン建築事務所　1931（昭和6）年

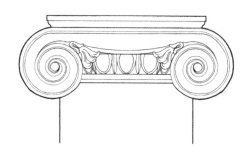

　旧三井銀行横浜支店のイオニア式柱頭は、アバクスと渦巻とエキヌスから構成されている。

　渦巻は、植物装飾の茎を巻き込みながら約3周回転している。左右の渦巻をつなぐラインは、なだらかな曲線でエキヌスの上に垂れ下がる。エキヌスと渦巻の間のくぼみをふさぐように、植物装飾がかぶせられる。渦巻の側面はラッパの形に（カラーの花のように）開かれ、中央に太い帯を持つ。

　エキヌスは、滑らかな玉縁の上に載り、エキヌスの表面は、3つのオヴォロ（卵形装飾）と先端が丸い鏃で飾られ、その位置は柱身の溝彫と一致している。

旧露亜銀行横浜支店
（ラ・バンク・ド・ロア）［**イオニア式**］

バーナード・M・ウォード　1921（大正10）年

　旧露亜銀行横浜支店のイオニア式柱頭は、アバクスと渦巻とエキヌスから構成されている。

　アバクスは湾曲した形で、その中央は2枚1組の小さな花びらを持つ花で飾られる。

　渦巻は、エキヌスの上部から、壁面に対して斜め45度方向に突出し、植物装飾を巻き込みながら約1周半回転する。植物装飾の先端は3つに分かれ、丸みを帯びている。渦巻の側面（渦巻の形を海苔巻きに見立てれば海苔の部分）は、小さな葉を重ねたような装飾で覆われ、渦巻とアバクスの間には小さな葉が挟み込まれる（p. 297の図の「小さい葉」を参照）。

　エキヌスは、細く縁取られた3つのオヴォロ（卵形装飾）で飾られる。その下は、

真珠形とやや短めの紡錘形が交互に数珠つなぎになった玉縁によって、柱身と区切られる。

旧横浜正金銀行本店本館
（神奈川県立歴史博物館）［コリント式］

妻木頼黄　1904（明治37）年

　旧横浜正金銀行本店本館のコリント式柱頭は、アバクスと渦巻と葉飾りから構成されている。

　アバクスは湾曲した形で、その中央は5枚の花びらを持つ花で飾られる。花びらの形は先端に頂点を持ち、この柱頭の葉の形に似ている。

　渦巻は、くっきりとした縁と大きな「眼」を持ち、その根本は、2段目の葉と葉の間から伸びている。また、左右二手への分かれ目は縦長の葉に覆われている。渦巻の側面には、小さな円形がつけられ、アバクスと渦巻の間には小さな葉が挟み込まれる。

　葉飾りは、3段の幅の広い葉で構成されている。2段目の葉は1段目とほぼ並ぶほど低く、また、中央の2段目の葉の上部には3段にわたって小さな芽が出ている。3段目の葉は、渦巻の茎から出るのではなく、2段目の葉に重なりながら生えている。葉の形は、わずかな切り込みによって3つに分かれており、とがった先端を持つ。葉の表面には葉脈が彫られ、葉先は立体的で肉付きがよく、内側に丸まりながら垂れ下がる。この葉先の形には、中世の作例からの影響が見受けられる。

旧帝国奈良博物館本館
（奈良国立博物館なら仏像館）［コリント式］

片山東熊　1894（明治27)年

　旧帝国奈良博物館本館の正面（西側）のコリント式柱頭は、アバクスと渦巻と葉飾りから構成されている。

　アバクスは湾曲した形で、その中央は6枚の花びらを持つ花で飾られる。

　渦巻は、全体がS字形をなし、その根元はもう一方の根元と中央で接している。この形は京都国立博物館や、国立科学博物館日本館（p. 282、283）の柱頭デザインにも似ている。渦巻の中心は5枚の花びらを持つ花で飾られ、その花の中心とアバクスの花の下から、柔らかい布のドレープのようなフェストゥーン（花綱装飾）が2つ垂れ下がる。また、それらの中央には松の実が吊り下げられる。渦巻の上部には、アカンサスの葉が載せられ、その先端はアバクスとの間に挟み込まれる。

　葉飾りは、非常に幅が広い葉が左右に2枚と、それよりやや低い葉が中央に小さく重ねられる。葉は薄いが立体的に形作られ、3つの裂片を持ち、葉先は薄いまま前面に反り返る。

BEATTY（ビーティ）邸 ［コリント式］

設計者不詳　1932（昭和7）年

　BEATTY（ビーティ）邸の正面玄関ポーチのコリント式柱頭は、アバクスと渦巻と葉飾りから構成されている。

　アバクスは湾曲した形で、その中央は5枚の立体的な花びらを持つ花で飾られる。

　渦巻は、中央の葉の上部から斜めに伸び、側面は平滑な溝を持つ。

　葉飾りは、左右の低い2枚はカーブした先端によって渦巻を支え、中央の高い1枚は左右の渦巻の間に伸びる。葉の表面は、葉脈が立体的に彫られている。

　BEATTY邸は横浜・山手地区に建つ洋館で、銀行建築に比べると小規模な建築であり、この柱頭自体も小さい。ここでは、全体の構成を簡略化することで、建物全体の雰囲気によく調和した形に作られている。そのデザイン密度の違いは、右ページ下に挙げた2例と比べても、みてとれる。

左下：旧英国総領事館
（横浜開港資料館旧館）
［コリント式］
右下：横浜郵船ビル［コ
リント式］
和田順顕 1936（昭和11）年

三井本館［コリント式］

トローブリッジ＆リヴィングストン建築事務所　1929（昭和4）年

　三井本館の大オーダーのコリント式柱頭は、アバクスと渦巻と葉飾りから構成されている。

　アバクスは湾曲した形で、その中央は6枚の花びらを持つ花で飾られる。

　渦巻は、2段目の葉と葉の間から生える茎から伸びている。

　葉飾りは3段で、葉の形は、5裂を形成しており、葉の表面は葉脈が彫られる。葉先は薄くならず厚みを保ちながら前面に垂れ下がり、陰影の深い立体感があらわれている。

　この柱頭が生み出す立体感は、装飾豊かなコーニスやくっきりとした溝彫を持つ柱身から生まれる、この建築全体の重厚なファサードによく釣り合う。

日本銀行本店本館 ［コリント式］

辰野金吾 1896（明治29）年

　日本銀行本店本館のコリント式柱頭は、アバクスと渦巻と葉飾りから構成されている。

　アバクスは湾曲した形で、その中央は5枚の花びらを持つ花で飾られる。

　渦巻は縁がなく、2段目の葉と葉の間から生える茎から伸びている。アバクスと渦巻の間には小さな葉が挟み込まれる。

　葉飾りは3段で、葉の形は、輪郭がひとつながりで裂片を持たず、表面には垂直と水平の葉脈が彫られている。葉先は薄くならず厚みを保ちながら前面に折れ曲がる。

　この柱頭にみられる簡素な表現は、溝彫のない柱身や装飾のないペディメントやフリーズとよく調和している。

図版提供：日本銀行貨幣博物館

旧川崎銀行横浜支店
（損保ジャパン日本興亜横浜馬車道ビル）［コリント式］

矢部又吉　1922（大正11）年［1989（平成元）年外壁復元］

　　旧川崎銀行横浜支店の正面玄関のコリント式柱頭は、湾曲したアバクスと渦巻と葉飾りから構成されている。

　　渦巻は、柱頭の下部中央から斜めに伸び上がり、反転曲線を描きながら内側に向かって巻き込まれ、中心に大きな「眼」を持つ。渦巻の側面には小さい円形の穴がある。

　　葉飾りは、幅広い1段の葉で、葉は薄いが立体的に形作られ、葉先は反り返

りながら渦巻を支える。中央部は、左右2枚ずつ、中央1枚、計5枚の葉と、4つの松の実で飾られる。葉飾りの上に、小さい渦巻のような装飾が見られる。

旧東宮御所（迎賓館赤坂離宮）［コンポジット式］

片山東熊　1909（明治42）年

　旧東宮御所のコンポジット式柱頭は、アバクス、渦巻、エキヌス、葉飾りから構成されている。

　アバクスは湾曲した形で、その中央は、矩形の輪郭を持つ植物のような装飾で飾られる。

　渦巻は薄いエキヌスの上から斜めに出て、約3回転巻き込まれ、その縁は中心に進むにつれて細くなる。渦巻の上部には、薄い葉がかぶせられ、アバクスとの間に挟み込まれる。

　エキヌスはオヴォロ（卵形装飾）と鏃で飾られる。その下の玉縁は、長短の紡錘形が交互につなげられている。

　葉飾りは2段で、葉の形は、輪郭がひとつながりで裂片を持たず、葉脈が垂直に彫られている。先端は厚みを持ち重たげに垂れ下がる。2段目の葉と葉の間には細い茎が伸び、小さな葉が左右に伸びている。葉飾りの上には、円や曲線が組み合わせられた装飾が見られる。

旧明治生命館（明治生命保険相互会社本社本館）

岡田信一郎・岡田捷五郎　1934（昭和9）年

　旧明治生命館の日比谷通り側北端出入口の柱頭は、アバクスと渦巻と葉飾り
で構成されている。

　渦巻は垂直のＳ字形が向かい合う形で、それらの下部は中央で接続されてい
る。その中心からは茎が伸び、彫りの美しい葉を左右に広げ、花をアバクスの中
央に開く。

　葉飾りは1段のアカンサスの葉で、薄い葉先は柔らかいカーブを描いて垂れ下が
り、渦巻を支えている。葉の形は3つの裂片を形成し、葉脈が立体的に彫られて
いる。

　この柱頭は、脇の出入口に設けられた小さいものだが、その大きさに釣り合う
形にまとめられた、完成度の高い造形である。なお、旧三井銀行横浜支店内部
にも、類似するデザインの柱頭がみられる（右ページ下）。

旧三井銀行横浜支店内部の柱頭

旧東京科学博物館本館（国立科学博物館日本館）

糟谷謙三　1931（昭和6）年

　旧東京科学博物館本館の柱頭は、薄いアバクスと渦巻で構成されている。

　アバクスの中央は、6枚の細い花びらを持つ花で飾られる。

　渦巻は、S字形が向かい合う形で、上部はアバクスの角を支える。下部は中央で接続され、そこからさらに小さい渦巻が弧を描きながら上へ伸びている。2つの渦巻の隙間は、小さな葉で飾られる。

旧中央停車場（東京駅丸ノ内本屋）

辰野・葛西建築事務所　1914（大正3）年

　旧中央停車場の付柱の柱頭（左ページ上の図と右ページ上の写真）は、湾曲したアバクスと渦巻と葉飾りで構成されている。

　渦巻は縁がなく、Ｓ字形が向かい合う形で、それらの下部は中央で接続されている。渦巻とアバクスの間は、中央に筋をもつ肉付きの良い花びらの花で飾られる。

　葉飾りは２段で、１段目より２段目が大きい。葉は、３つが１組となった独創的な形で、やわらかい曲線で広がり、先端は立体的にふくらんでいる。

　この柱頭は明らかにコリント式柱頭を範としているが、葉飾りや花びらなどが、独特のおおらかな曲線でまとめられた印象深い造形である。旧中央停車場には、ほかにもイオニア式柱頭をアレンジしたもの（下左）やオリジナルデザインの柱頭（下右。コリント式の葉をとった形にも見える）など、独創性に富んだ作例が見られる。

旧安田銀行横浜支店
（旧富士銀行横浜支店、
東京藝術大学大学院映像研究科馬車道校舎）

安田銀行営繕課 1929（昭和4）年

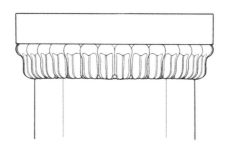

　旧安田銀行横浜支店の柱頭は、アバクスと蓮弁装飾からなる。

　アバクスは装飾を持たない板状の形で、その下には、エキヌスの代わりに、蓮弁装飾が置かれる。その花びらは幅が細く、中央に筋が入る複弁形で、先端は厚みを持ちながら反り返ってアバクスを支える。

　この柱頭は一見するとドリス式のものに似ているが、エキヌス（1/4円弧の輪郭を持つ繰形）ではなく蓮弁装飾が付けられ、ネック（頸部）もないので、ドリス式柱頭とは明らかに異なる（柱頭だけでなく、エンタブレチュアも柱身も柱礎もドリス式のものとは異なる）。この建築のためにデザインされた、独創性の高い貴重な作例である。

旧帝国奈良博物館本館
（奈良国立博物館なら仏像館）

片山東熊　1894（明治27）年

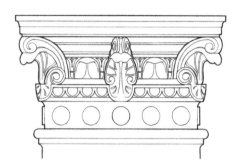

　旧帝国奈良博物館本館の背面（東側）付柱の柱頭は、ドリス式、イオニア式、コリント式といった、古典主義のどれとも異なる独創的なデザインで作られている。

　アバクスは、左右と中央の合計3つの渦巻によって支えられている。その渦巻の前面には、薄い葉のような装飾が添えられている。

　アバクスの下には、エキヌスに相当する繰形部分がある。その下には2段の装飾帯があり、上段にはやわらかい花弁と蕾にも似た造形が交互に配され、下段にはオヴォロ（卵形装飾）が並んでいる。

　その下のネック（頸部）に相当する面は、薄い円形の装飾が5つ並び、柱身とネックとの境は玉縁によって区切られている。

　この柱頭に見られる花弁のような意匠や5つの円が並ぶ装飾などは、いずれも独創性の高い造形であり、貴重な作例といえる。

ヴィニョーラの図にもとづく
ドリス式柱頭

　ドリス式柱頭の全体は、上から順に、アバクス、エキヌス、ネック（頸部）と呼ばれる部分から構成されている。

　アバクスとは四角い板状の部分で、鉛直方向から見ると正方形をしている。上部には平縁と反シーマという繰形がつけられる。反シーマは、上部が凸曲し下部が凹曲する反転曲線の輪郭を持つ。エキヌスは、アバクスの下にある平たい皿のような形の部分で、1/4円の円弧の輪郭で作られる（その表面は卵鏃文様で飾られることもある）。そのすぐ下には、段階的に直径が小さくなる3段の平縁がギザギザの段をみせている。エキヌス下方には輪（小玉縁）があり、エキヌスの下の平縁からこの輪までの平たい部分がネック（頸部）で、ここでは花のレリーフで飾られている。

　なお、古典建築の3つの主要なオーダーの中でもっとも単純なドリス式柱頭は、柱の原初的な機能がそのまま形になったかのようにみえる。たとえばエキヌスは円柱の上に水平材をより安定的に載せるため断面積を広げた形とみなせるし、アバクスは上部の材との結合を強めると同時に、高さの微調整をするスペーサーとしての役割も果たせる。また、鉛直荷重に対する補強として、円柱の上部や下部に金属の輪がはめられる例は今日でもよくみられるが、ネック（頸部）の下の輪はその補強材が装飾化したものと解釈することができる。

平縁

アバクス

反シーマ

エキヌス

平縁

ネック（頸部）

輪（小玉縁）

図版出典：Ｇ・Ｂ・ヴィニョーラ『建築の五つのオーダー』長尾重武編、中央公論美術出版、1984年、p. XIII を元に加工・加筆している。

トリグリフ

　ドリス式オーダーのエンタブレチュアには、トリグリフという特徴的な細部がある。このトリグリフは、古典主義建築において、本来の位置であるエンタブレチュア以外でも、独立した装飾として用いられることが多い。それらの多くは、さまざまなアレンジが加えられ、そこから設計者の創意や好みがみられる興味深いものだ。そこで、ここではそのトリグリフの本来の標準的な形についてみておきたい。

　古代ギリシアの神殿のデザインには、かつての木造建築の形の名残があると考えられているが、木造の場合、柱頭の上のエンタブレチュアのうち、アーキトレーヴは柱の上に水平に載せる桁となる。一方、その上のフリーズは、桁とは直交方向にわたす梁になるので、つまりトリグリフはその梁材の先端に相当する部分と考えられる。その形は、縦：横が３：２の矩形で、縦に２本の溝が彫られ（トリグリフはギリシア語で「３つに割られたもの」を意味する）、左右の両側面が面取りされているが、これは木材端部の水切りと考えれば理にかなった形である。木造の梁の先端部が露出していると、毛細管現象で導管から雨水がしみこみ建物が傷むが、その面を縦に切り込みを入れた形状に仕上げれば水はけが良くなり、建物が傷むのを防止する効果があるからだ。また、トリグリフの下には、それを固定するための木栓もしくは釘のような形がみられ、それはグッタエと呼ばれる。この図では、6つの小さな三角錐として作られている。その上の薄い材はレグラと呼ばれる。タエニア（またはテニア）は、レグラの上にある薄い縁である。

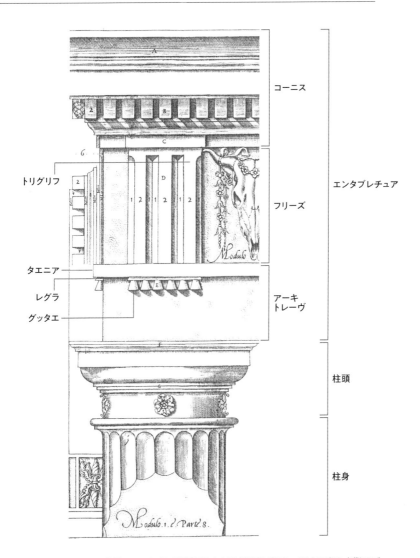

コーニス

エンタブレチュア

トリグリフ

フリーズ

タエニア

レグラ

グッタエ

アーキ
トレーヴ

柱頭

柱身

図版出典：G・B・ヴィニョーラ『建築の五つのオーダー』長尾重武編、中央公論美術出版、1984年、p. XIII を元に加工・加筆している。

イオニア式柱頭

イオニア式柱頭の全体は、上から順に、アバクスと渦巻とエキヌスから構成されている。

アバクスは、ドリス式のものよりかなり薄く、平縁の下に反シーマという、上部が凸曲し下部が凹曲する反転曲線の繰形がつけられる。

その下の渦巻は、半径が少しずつ小さい円弧がつなげられ、3周した形で作られる。その中心には「眼」と呼ばれる円形がある。

2つの渦巻の、エキヌスと接するくぼみは小さな植物装飾で飾られる。その茎に当たる部分は渦巻に少し巻き込まれ、植物装飾の先端側は3枚に分かれて広がり、エキヌスと渦巻が接するくぼみを隠すように覆っている（この装飾があることで、エキヌスと渦巻の隙間の複雑な形の穴を彫り込む必要がなくなる）。

この渦巻を90度横からみると（右ページ下図）、左右対称形で、中央の帯から外側に向かって広がる曲面を形成している。この曲面はゆるやかな反転曲線を描く形に作られ、その表面は葉のレリーフで飾られる。

2つの渦巻の間にはエキヌスがあるが、これはドリス式のものと同じで、1/4円弧の輪郭の平たい皿のような形をしている。エキヌスの表面には卵鏃文様が施され、オヴォロ（卵形装飾）の位置は、柱身の24本の溝彫と一致している。ただし、渦巻や植物装飾で隠れているため、正面から完全な形でみえるオヴォロは3つである。エキヌスの下には小玉縁の繰形が付けられ、柱身と区切られている。

なお、イオニア式柱頭には、渦巻が円盤のような形で斜めに突き出す形もあるが、それについては本書78-79ページを、また、古代ギリシアのイオニア式柱頭については75-77ページを参照されたい。

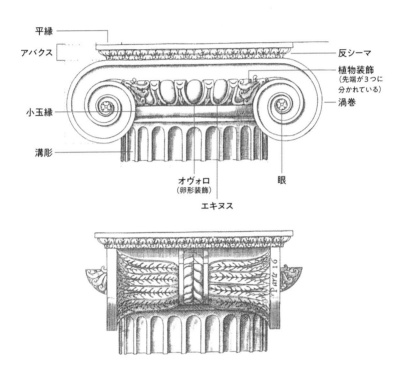

平縁

アバクス

反シーマ

植物装飾
（先端が3つに
分かれている）

小玉縁

渦巻

溝彫

眼

オヴォロ
（卵形装飾）

エキヌス

図版出典：G・B・ヴィニョーラ『建築の五つのオーダー』長尾重武編、中央公論美術出版、1984年、p. XVIII を元に加工・加筆している。

コリント式柱頭

　コリント式柱頭の全体は、上から順に、アバクス、渦巻、葉飾りの3部分から構成されている。

　アバクスは、エキヌス（1/4円弧の繰形、オヴォロと呼ばれることもある）、平縁、カヴェットの3つの繰形を上に備えている。鉛直方向から見ると、正方形ではなく、4辺を内側に湾曲させた形で、四隅の角が尖った形になる。四隅の角は、それぞれの下にある渦巻によって支えられ、隙間には小さい葉が挟み込まれる。アバクスの中央は花の装飾で飾られている。

　渦巻は、2本の茎から伸びて、それぞれ途中で左右に枝分かれしたものが、大小2つの渦巻を作り、合計で4つの渦巻がある（四方の合計は16）。小さい渦巻は、もう一方の小さい渦巻と中央で接する。大きい渦巻は、側面から伸びた大きい渦巻とつながって、アバクスの角を支えている。また、大小の渦巻の間には、縁が見える。古典主義建築において、コリント式柱頭の葉飾りと渦巻の内側には、鐘を上下逆さにした形の芯があると考えられているが、この縁はその鐘の縁に当たる部分である。

　葉飾りは、通常は3段であり、1段目と2段目の葉は、左右に葉の幅の半分ずつずれて重なりながら生える。一方、3段目の葉は、1、2段目と同様に左右にずれながら、渦巻の茎の枝分かれ部分から伸びる。葉の形は、5つの裂片でひとつのまとまりをもち、中心軸に対して左右対称に生えている。

　以上、ヴィニョーラの図に描かれたコリント式柱頭の概形について述べたが、渦巻のカーブの曲率や葉の形といったディテールは、それぞれの設計者によってある程度自由にデザインできる。そのため、

このコリント式柱頭のデザインは、3つの主要なオーダーの柱頭の中では、最も自由度が高い。たとえば、葉のモチーフについて、ウィトルウィウスの建築書にもアカンサスという記載があるが、必ずしも常にアカンサスそのものがかたどられたわけではなく、時代や作者によって、さまざまなデザインが作られてきた。それらの中でも、葉を5裂の形としつつ、一つ一つの裂片にオリーブの葉を当てはめる例は古代から多くみられたが、これは現実の自然界には存在しない。このことからも、コリント式柱頭の植物装飾とは、単に庭に生えている植物をかたどったものではなく、その形には理想化された植物の姿が投影されてきたと考えられる。

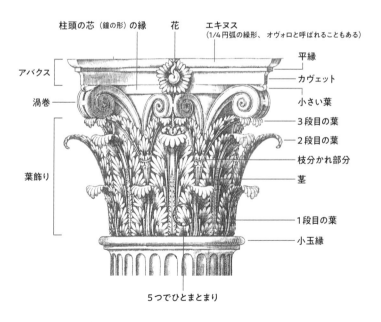

柱頭の芯（鐘の形）の縁　花　エキヌス
（1/4円弧の繰形、オヴォロと呼ばれることもある）

アバクス

平縁

カヴェット

渦巻

小さい葉

3段目の葉

2段目の葉

枝分かれ部分

茎

葉飾り

1段目の葉

小玉縁

5つでひとまとまり

図版出典：G・B・ヴィニョーラ『建築の五つのオーダー』長尾重武編、中央公論美術出版、1984年、p. XXVI を元に加工・加筆している。

おわりに　人間の目は知っているものしか見ない

　明治以降、西洋のさまざまな建築様式が日本に入ってきた。そのひとつである古典主義様式は、庁舎や銀行、博物館といった建築によくみられ、すでに私たちの日常風景に馴染んでいる。けれども、その魅力については、まだ十分に深くは浸透していないように思う。実際、どれを見ても「立派だなあ」という感想で終わってしまうことも多いのではないだろうか。その理由には、「コリント式オーダー」や「ペディメント」といったカタカナの用語が多いことで、その名称を確認することで終わってしまったり、見方が記号的になりがちだということもあるだろう。古典主義建築の魅力を味わうには、こういった専門用語を知ることを超えて、もっと多様なアプローチが必要なのではないだろうか。

　私がその魅力にひきこまれたのは、イタリア留学中に出会った講義がきっかけだった。当時フィレンツェ大学の教授でいらっしゃったガブリエーレ・モロッリ (Gabriele Morolli) 先生の講義は、教室の中だけでなくしばしば町の中でも行われた。ウフィツィやパラッツォ・ピッティといった建築を前にして先生の言葉を聞いていると、一つ一つの形の意味や関係性が見えてきて、冷たい石の構築物が、目の前でみるみる生きた姿へ変わっていくように感じられたのは忘れられない。人間の目は知っているものしか見ない、というのは、そのモロッリ先生の言葉である。たしかにその通り、人間の目は不思議なもので、見ている対象を知らないときには、目に映っていても見えてはいないもので、その対象を知って初めて本当に見えてくる。というよりむしろ、一度知ったら逆に、視界に入ってしまえば「見ない」ということができない。まさに、人間の目は知っているものしか見ないものなのである。

ところで、あえてその意味を拡張すれば、この言葉はひとつの建築を見ながら、背後にある多くの関連作品を同時に連想することにも当てはまる。モロッリ先生の講義では、ひとつの建築の解説で、それに関連する数多くの建築にも言及された。その建築家が参照した同時代の建築、すでに失われて絵画史料でしか見られない建築、そもそもはじめから絵画に描かれただけの建築、さらに、ときには現代建築にも話が及んだ（ミケランジェロのラウレンツィアーナ図書館階段室では、F・ゲーリーのベルリンの銀行のアトリウムに触れられた）。ひとつの建築を前にしたとき、同時に、その背後に多くの作品を意識できると、その建築体験は、より深く複雑なものになる。

　本書の第1部では、日本近代建築について、関連する西洋の建築との繋がりの中で捉えることを試みた。東京や横浜の建築を見る上で、ローマやフィレンツェがどう関係あるのかと思われる読者の方もおられるかもしれない。だが、それらは決して無関係ではない。日本人であっても辰野金吾や妻木頼黄といったいわゆる第一世代とされる建築家は、日本の大学でもイギリス人に学び、ヨーロッパやアメリカへの留学で学習を重ねていた。彼らの西洋建築の知識を考える上では、ピエール・バイヤールの「内なる図書館」という概念を参照するとわかりやすい。バイヤールによれば、人はそれぞれ「内なる図書館」を内部に宿しており、そこには、過去に読んだり見聞きしたりした本だけでなく、本人が忘れてしまった本や想像上の本の断片も収められているという（『読んでいない本について堂々と語る方法』筑摩書房）。そのいい方にならえば、辰野や妻木が過去に訪れたり、見聞きしたことのある建築からなる「内なる建築コレクション」には、相当数の西洋古典主義建築が収められていたはずで、設計はその膨大な蓄積の上で行われ

ていた。その蓄積の一端は、『辰野金吾滞欧野帳』や「妻木文庫」といった史料から窺い知ることができるし、これまでも日銀本店とベルギー国立銀行のような具体的な影響関係も指摘されてきた。だが、それ以外にも、設計者が明言していない作品や、あるいは設計者自身が明確に意識していなかったものでも、設計作品に影響を及ぼしている可能性はある。バイヤールによれば、「内なる図書館」がずれている人同士では、同一作品についてでも議論がかみ合わなくなることがありえるという。辰野や妻木の作品を見る上でも、彼らの「内なる建築コレクション」を意識した方が、設計者の意図により近い理解になるということはあるだろう。

とはいえ、一人一人の鑑賞者には、設計者の意図とは離れて作品を解釈する自由が開かれている。建築を目にしたとき、その姿から、さまざまな関連作品を連想しながら見ていけば、鑑賞も一種の創造的な行為になりえる。そのとき思い浮かぶのが、それぞれの人にとっての「内なる建築コレクション」、つまり、知っているものである。こういった見方は、まわりくどく不自然に思われるかも知れない。だが、そもそも古典主義建築は古代ローマの遺産を連想させることがその存在意義のひとつでもあったから、過去の作品との繋がりの中で捉えることは本来の作法といえる。

また、古典主義建築を見る上では、過去にモチーフがどのように用いられたかという、いくつかの典型的なパターンを知っておくことも役に立つ。これに関しては、岡田暁生氏の音楽の「聴く型」についての議論が参考になる。音楽を聴く際の「聴く型」とは、「豊かな聴体験を特定のパターンに押し込めてしまう」ような「居心地の悪い鋳型ではなく」、むしろそれがあるからこそ「作り手と聴き手の間の生き生きとしたコミュニケーション」が生

まれ、ときには「暗黙のルールを鮮やかに外してみせることで大喝采を呼び込むことも可能に」なるという（『音楽の聴き方』中公新書）。同じようなことは、建築でも当てはまるのではないだろうか。古典主義建築のデザインにも「「こういうものが来たら、それはこういうことだよね」という約束事」（岡田暁生、前掲書）がいくつかある。たとえばコロッセウムにみられるような3つのオーダーの配置は、古典主義建築デザインの定石と言っていいもので、当然設計者も意識していたはずだ。鑑賞する側でもそういった「約束事」を意識することで、設計者との時を超えた対話ができれば、建築の体験は一層楽しく豊かなものになると思う。

　古典主義建築の規則は言語にたとえられることがあるが、そのデザインについてコリント式柱頭、ペディメントといったいくつかの部位名を示すことは、いってみれば、外国語の文章の中でいくつかの単語を名指しすることに近い。これまで私たちは、その段階でその建築をわかったことにしていなかっただろうか。だが、本を開いて文字列の中から知っている単語をいくつか見つけることと、その文章を読むことがまるで違うように、古典主義建築においても、いくつかのパーツの名称を言い当てることが、その建築のデザインを理解することではないはずだ。日本の近代建築について、これまでは西洋の様式を学んだ成果として捉えられることが多かったが、あらためてその語彙や文法、そして過去の関連作品や用例（言い回し）を踏まえることで、多様な解釈が生まれ、それぞれの作品の魅力が見直されることを願っている。

　第1部の第1章は、初出一覧にも記したとおり、日本銀行金融研究所貨

幣博物館の図録『辰野金吾と日本銀行』に寄稿したものが元になっている。本書では、全面的に改稿して書き下ろしに近い形になったが、この寄稿の機会を下さった関口かをり氏には、ここに心より御礼申し上げたい。この特別展の機会では、多くの資料についてもご教示いただき、その中で『辰野金吾滞欧野帳』との出会いにも恵まれた。このたび本書での掲載をご許可下さった辰野家および東京大学経済学図書館にも、この場を借りて深く感謝申し上げたい。第2章から第5章は、いずれも書き下ろしである。そのうち、第2章、第4章、第5章は、2008年11月に、「横浜の近代建築に見る魅力」と題して行った、かながわ労働プラザ公開講座の内容がもとになっているが、そもそもこれが、筆者にとって日本の近代建築について考えることになった最初のきっかけだった。この貴重な機会を与えて下さった吉田鋼市先生には、特に深い感謝の気持ちを捧げたい。どうもありがとうございました。その後、神奈川県立歴史博物館、ヨコハマ洋館探偵団、朝日カルチャーセンター、美術 Academy & School でも、同様のテーマで講座を担当させていただいた。それぞれの機会を下さった、丹治雄一、白川葉子、嶋田昌子、伊藤由貴子、岡村裕次各氏にも、この場を借りて改めて御礼申し上げたい。第3章の内容は、2020年11月に地中海学会大会「地中海トーキング」の場で、「異文化との出会いとその後　古典主義建築の意匠と横浜の近代建築への応用」と題して発表させていただいた。その場で貴重なご意見を下さった諸先生方、お声をかけて下さった守田正志先生にも、深く御礼申し上げる次第である。

　第4部の柱頭紹介では、かつて横浜国立大学の学生だった周穎琦（しゅうえいき）さんと福嶋真純さんにすばらしい図を描きおこしていただいた。お二人の観察

力とデッサン力で描き分けられた図から、ドリス式、イオニア式、といった名称でひとまとめにされがちだった形の差異が見えてくるなど、読者のみなさまの身近な近代建築の再発見のきっかけになればうれしい。なお、この柱頭紹介のページ構成は、先述したモロッリ先生のご著書 'La lingua delle colonne' (Edifir, 2014年) にならってつくった。同書では巻末にフィレンツェ市内の50余りの柱頭が扱われており、大判の写真を一枚一枚見ていくと、どんな細部も個性ある表情をたたえていることに気づかされる。建築に対し、そして人に対しても、小さきものを見過ごすことなく深い愛情をかけられた先生のまなざしにならいたく、本書ではその構成をそのまま踏襲させていただいた。2013年に急逝され、日本をご案内する夢はかなわなかったが、先生に授けていただいた視点で日本の古典主義建築にささやかな光を当てることで、わずかでもご恩に報いることができればと思う。

　最後になってしまったが、企画の段階からいつも的確な判断で進めて下さった平凡社の蟹沢格さん、日下部行洋さん、行き届いたご配慮をいただき最後まで労をいとわずご尽力下さった髙尾美由紀さん、みなさまには本当にお世話になりました。心より御礼申し上げます。

2022年4月　　菅野 裕子

参考文献

第1部

第1部全体に共通して関係するもの

青木祐介編著『横浜建築家列伝』横浜都市発展記念館編集・発行、2009年

吉田鋼市『ヨコハマ建築慕情』鹿島出版会、1991年

吉田鋼市『オーダーの謎と魅惑：西洋建築史サブノート』彰国社、1994年

『都市の記憶 横浜の近代建築（Ⅰ）』横浜市歴史的資産調査会、1991年

『横浜の近代建造物：横浜市近代建造物調査報告書』横浜市教育委員会文化財課編集・発行、1994年

J・オナイアンズ『建築オーダーの意味：古代・中世・ルネサンスの古典オーダー』日高健一郎監訳、中央公論美術出版、2004年

J・サマーソン『古典主義建築の系譜』鈴木博之訳、中央公論美術出版、1976年

A・ツォニス、L・ルフェーブル『古典主義建築：オーダーの詩学』藤井博巳・丸山洋志・藤山哲朗訳、鹿島出版会、1997年

G・ハーシー『古典建築の失われた意味』白井秀和訳、鹿島出版会、1993年

Gabriele Morolli, *Le membra degli ornamenti : sussidiario illustrato degli ordini architettonici con un glossario dei principali termini classici e classicistici,* vocabolario a cura di Mimmarosa Barresi, Alinea, 1986.

1. シークエンスの中で読む古典主義建築のデザイン
日本銀行本店本館

五十嵐太郎『建築はいかに社会と回路をつなぐのか』彩流社、2010年

五十嵐太郎・菅野裕子『装飾をひもとく：日本橋の建築・再発見』青幻舎、2021年

河上眞理・清水重敦『辰野金吾：美術は建築に応用されるべからず』ミネルヴァ書房、2015年

木下和也・内田青蔵「日本近代における古典主義様式の銀行建築の意匠に関する一考察」（『日本建築学会大会学術講演梗概集（近畿）』2014年9月、pp. 609-610）

清水重敦・河上眞理『辰野金吾：1854-1919』佐賀県立佐賀城本丸歴史館、2014年

清水重敦・河上眞理・藤倉照信「鼎談 辰野金吾のグランドツアー」（『NICHE 05 イタリア建築探訪！』工学院大学建築学部同窓会NICHE出版会編、丸善出版、2018年、pp. 8-19）

飛ヶ谷潤一郎「ふくらんだフリーズについて」（『盛期ルネサンスの古代建築の解釈』中央公論美術出版、2007年、pp. 241-282）

藤森照信『日本の建築［明治大正昭和］3 国家のデザイン』三省堂、1979年

渡辺真弓「西洋の「宮殿」覚え書き」（『家具道具室内史』第7号、家具道具室内史学会、2015年6月、pp. 143-167）

渡辺真弓「西洋の「宮殿」覚え書き その2 イタリア・ルネサンスの宮殿」（『家具道具室内史』第11号、家具道具室内史学会、2019年6月、pp. 114-147）

『辰野紀念 日本銀行建築譜』辰野紀念事業第二部編、墨彩堂、1928年

『辰野金吾と日本銀行：日本近代建築のパイオニア 辰野金吾没後100年特別展』日本銀行金融研究所貨幣博物館、2019年

『辰野金吾と美術のはなし 没後100年特別小企画展』羽鳥綾編、東京ステーションギャラリー、2019年

James S. Ackerman, "The Tuscan/Rustic Order: A Study in the Metaphorical Language of Architecture"（*Journal of the Society of Architectural Historians,* Vol. XLII: 1, March 1983, pp.15-34.）

L'Emploi des Ordres à la Renaissance, eds., A. Chastel, J. Guillaume, Picard, 1992.

Gabriele Morolli, *La lingua delle colonne*, Edifir, 2014.

John Soane Architetto 1753-1837, eds., Margaret Richardson & MaryAnne Stevens, Skira, 2000.

Sebastiano Serlio, *L'Architettura*. Lib. IV, Venezia, 1537, repr., Polifilo, 2001.

Gherardo Spini, "I tre primi libri sopra l'institucioni de' Greci et Latini architettori intorno agl'ornamenti che convegono a tutte le fabbriche che l'architettura compone"（*Il Disegno Interrotto : trattati medicei d'architettura*, eds., F. Borsi, C. Acidini, D. Lamberini, G. Morolli, L. Zangheri, Gonnelli, 1980, n. 2.）

2. 序列のあるデザイン要素
旧横浜正金銀行本店本館

清水慶一・松波秀子「「日本建築の成立」コーネル大学における妻木頼黄の卒業論文について その翻訳と解題」（『国立科学博物館研究報告Ｅ類』第17巻、国立科学博物館、1994年12月、pp. 31-50)

『横浜正金銀行建築要覧』横浜正金銀行編集・発行、1904年

『横浜正金銀行 世界三大為替銀行への道：特別展 重要文化財旧横浜正金銀行本店本館創建100周年記念』神奈川県立歴史博物館編集・発行、2004年

『妻木頼黄の都市と建築』日本建築学会建築博物館委員会編、日本建築学会、2014年

『妻木頼黄と臨時建築局：国会議事堂への系譜（特別展 明治建築をつくった人々 その四）』博物館明治村編、名古屋鉄道、1990年

長谷川堯『日本の建築［明治大正昭和］4 議事堂への系譜』三省堂、1981年

『重要文化財 旧横浜正金銀行本店本館 復元の記録』神奈川県教育庁生涯学習部博物館開設準備室編集協力、国設計・竹中工務店・乃村工藝社、1995年

『100年前の横浜・神奈川：絵葉書でみる風景』横浜開港資料館編、有隣堂、1999年

『神奈川の写真誌 関東大震災』金井圓・石井光太郎編、有隣堂、1971年

Hugo Licht, *Architectur Deutschlands*, Berlin, 1879.（「妻木文庫」より）

J. M. Mauch, *Architekt, Dorische order, Jonische ordnung, Corinthische ordnung*, Korn.（「妻木文庫」より）

R. Phené Spiers, *The orders of architecture, Greek, Roman, and Italian*, 3rd ed., London, 1897.（「妻木文庫」より）

3. 引用されたイメージを読む
旧英国総領事館

岡北一孝「古典主義者アルベルティ再考：マラテスタ神殿の凱旋門モチーフの意図とその受容」（『西洋美術史における「古典」の創出』木俣元一・松井裕美編、中央公論美術出版、2021年、pp. 211-242)

堀勇良「ペリー横浜上陸の地」（『横浜開港資料館館報 開港のひろば』第57号、横浜開港資料館編集・発行、1997年、p. 4)

『絵でたどるペリー来航展』横浜美術館編集・発行、2019年

『横浜開港資料館総合案内』財団法人横浜開港資料普及協会・横浜開港資料館編、財団法人横浜開港資料普及協会、1982年

Antoine Desgodets, *Les édifices antiques de Rome : dessinés et mesurés très exactement*, 1682.

David Hemsoll, *Emulating Antiquity : Renaissance buildings from Brunelleschi to Michelangelo*, Yale University Press, 2019.

4. 2つのイオニア
旧三井銀行横浜支店　旧露亜銀行横浜支店

鈴木博之「ヒュー・フェリスと三井本館建築配景図」（『日本建築学会学術講演梗概集（Ｆ：都市計画、建築経済・住宅問題、建築歴史・意匠）』1989年、pp. 791-792)

『三井本館』三井本館記念誌編集委員会企画・編集、三井不動産、1989年

ロビン・ミドルトン、デイヴィッド・ワトキン『新古典主義・19世紀建築（1）』、『新古典主義・19世紀建築（2）』土居義岳訳、本の友社、1998-2002年

アロイス・リーグル『美術様式論』長広敏雄訳、岩崎美術社、1970年

『パラーディオ「建築四書」注解』桐敷真次郎編著、中央公論美術出版、1986年
（A. Palladio, *I quattro libri dell'architettura*, 1570.)

G・B・ヴィニョーラ『建築の五つのオーダー』長尾重武編、中央公論美術出版、1984年（G. B. Vignola, *La regola delli cinque ordini d'architettura*, 1562.)

Hugh Ferriss, *The Metropolis of Tomorrow*, Princeton Architectural Press, 1986.

Johann Matthaus von Mauch, Charles Pierre Joseph Normand, *Parallel of the classical orders of architecture*, ed., Donald M. Rattner, Acanthus Press : Institute for the Study of Classical Architecture, 1998.

Gabriele Morolli, "L'Elocutio' dei Capitelli"（*L'Architettura di Lorenzo Il Magnifico*, A cura di Gabriele Morolli, Cristina Acidini Luchinat e Luciano Marchetti, Silvana Editoriale, 1992, pp. 272-277.)

Vincenzo Scamozzi, *L'idea della architettura universale*, Venezia, 1615, repr., The Gregg Press, 1964, Vol. 2.

5. 日本のマニエリスム
旧安田銀行横浜支店

駒木定正・三瓶宏樹・松浦由希 「旧安田銀行小樽支店（昭和5年）の建築について」（『日本建築学会北海道支部研究
報告集』第68号、1995年、pp. 641-644）

J・S・アッカーマン 『ミケランジェロの建築』中森義宗訳、彰国社、1976年

Gabriele Morolli, "Scuendo e Ricucendo : Gherardo Silvani e l'Invenzione delle Mensole 'Impunturate' per le Finestre
Inginocchiate di Palazzo Guadagni"（*Opus Incertum*, Rivista del Dipartimento di Storia dell'Architettura e della Città,
Università degli Studi di Firenze, Anno II, numero 3, Edizioni Polistampa, 2007, pp. 52-65.）

Michelangelo e il disegno di architettura, ed., C. Elam, Marsilio, 2006.

第2部 ────────────────────────────────────

1. 擬洋風を考える［開智学校］
『重要文化財旧開智学校』重要文化財旧開智学校管理事務所編・発行、2009年

3. ポストモダンと西洋の様式
磯崎新編著 『建築のパフォーマンス』PARCO出版局、1985年

隈研吾 『隈研吾読本』エーディーエー・エディタ・トーキョー、1999年

4. 様式における日本的なもの
磯崎新 『建築における「日本的なもの」』新潮社、2003年

太田博太郎 『日本の建築』ちくま学芸文庫、2013年

H. KISHIDA, *Japanese architecture*, Maruzen Company, 1936.

岸田日出刀 「神社と仏寺」（『甍』、相模書房、1938年）

伊東忠太 「法隆寺建築論」（『建築雑誌』83号、1893年、pp. 317-350）

藤森照信・汪坦監修『全調査 東アジア近代の都市と建築』筑摩書房、1996年

石井和紘 『日本建築の再生』中公新書、1985年

第3部 ────────────────────────────────────

『磯崎新＋篠山紀信 建築行脚』全12巻、六耀社

『磯崎新の建築談義』全12巻、六耀社

1. 古典主義とゴシック
中村恵三編『フィッシャー・フォン・エルラッハ 「歴史的建築の構想」注解』中央公論美術出版、1995年

ブルーノ・タウト 『ニッポン』森儁郎訳、講談社学術文庫、1991年

岸田日出刀 『過去の構成』相模書房、1951年

G・バタイユ 『ラスコーの壁画』出口裕弘訳、二見書房、1975年

G・ハーシー 『古典建築の失われた意味』白井秀和訳、鹿島出版会、1993年

A・ヴィドラー 『不気味な建築』大島哲蔵・道家洋訳、鹿島出版会、1998年

N・ペヴスナー 『ヨーロッパ建築序説』小林文次・山口廣・竹本碧訳、彰国社、1989年

金沢百枝 『ロマネスク美術革命』新潮選書、2015年

酒井健 『ロマネスクとは何か』ちくま新書、2020年

W・ヴォリンゲル 『抽象と感情移入』草薙正夫訳、岩波文庫、1953年

C・H・ハスキンズ 『十二世紀ルネサンス』別宮貞徳・朝倉文市訳、みすず書房、2007年

J・サマーソン 『天上の館』鈴木博之訳、鹿島出版会、1972年

前川道郎 『ゴシックと建築空間』ナカニシヤ出版、1978年

O・フォン・ジムソン 『ゴシックの大聖堂』前川道郎訳、みすず書房、1985年

D・ワトキン 『モラリティと建築』榎本弘之訳、鹿島出版会、1981年

J・ラスキン 『建築の七燈』杉山真紀子訳、鹿島出版会、1997年

2. 反復する古典

L・B・アルベルティ『建築論』相川浩訳、中央公論美術出版、1998年

G・B・ヴィニョーラ『建築の五つのオーダー』長尾重武編、中央公論美術出版、1984年

E・パノフスキー『「象徴形式」としての遠近法』木田元監訳、ちくま学芸文庫、2009年

五十嵐太郎・菅野裕子『建築と音楽』NTT出版、2008年

飛ヶ谷潤一郎『世界の夢のルネサンス建築』エクスナレッジ、2020年

H・ヴェルフリン『ルネサンスとバロック』上松佑二訳、中央公論美術出版、1993年

アーノルド・ハウザー『マニエリスム』若桑みどり訳、岩崎美術社、1970年

ルネ・ホッケ『迷宮としての世界』種村季弘・矢川澄子訳、美術出版社、1966年

W・サイファー『ルネサンス様式の四段階』河村錠一郎訳、河出書房新社、1987年

『パラーディオ「建築四書」注解』桐敷真次郎編著、中央公論美術出版、1986年

コーリン・ロウ『マニエリスムと近代建築』伊東豊雄・松永安光訳、彰国社、1981年

セベロ・サルドゥイ『歪んだ真珠』旦敬介訳、筑摩書房、1989年

G・ギーディオン『空間　時間　建築』太田實訳、丸善出版、2009年

小野一郎『ウルトラバロック』新潮社、1995年

E・ドールス『バロック論』神吉敬三訳、美術出版社、1991年

デボラ・ファウシュ「ロバート・ヴェンチューリとパオロ・ポルトゲージにおけるローマの写真」加藤耕一訳（『10+1』23号、2001年、pp.167-172）

R・ヴェンチューリ『建築の多様性と対立性』伊藤公文訳、鹿島出版会、1982年

ジャン・スタロビンスキー『自由の創出』小西嘉幸訳、白水社、1999年

エミール・カウフマン『三人の革命的建築家』白井秀和訳、中央公論美術出版、1994年

エミール・カウフマン『ルドゥーからル・コルビュジエまで』白井秀和訳、中央公論美術出版、1992年

M・A・ロージエ『建築試論』三宅理一訳、中央公論美術出版、1986年

ハンス・ゼードルマイヤー『中心の喪失』石川公一・阿部公正訳、美術出版社、1965年

N・ペヴスナー『モダン・デザインの源泉』小野二郎訳、美術出版社、1976年

J. Rykwert, *The First Moderns*, MIT Press, 1980

W・J・R・カーティス『近代建築の系譜』五島朋子・澤村明・末廣香織訳、鹿島出版会、1990年

3. 装飾の排除から復権へ

Adrian Forty, "Masculine, Feminine or Neuter?" (*Desiring Practices : Architecture, Gender and the Interdisciplinary*, Black Dog, 1996.)

マーク・ウィグリー『白い壁、デザイナードレス』坂牛卓他訳、鹿島出版会、2021年

W・ベンヤミン『ベンヤミン・コレクション1：近代の意味』浅井健二郎編訳、ちくま学芸文庫、1995年

長谷川章『世紀末の都市と身体』ブリュッケ、2000年

アドルフ・ロース『装飾と犯罪』伊藤哲夫訳、ちくま学芸文庫、2021年

ジョージ・ハーシー「なぜ建物ではなく女が装飾されねばならないのか」篠儀直子訳（『10+1』14号、1998年、pp.155-160）

R・ヴェンチューリ、D・ブラウン他『ラスベガス』石井和紘・伊藤公文訳、鹿島出版会、1978年

チャールズ・ジェンクス『ポスト・モダニズムの建築言語』竹山実訳、エー・アンド・ユー、1978年

第4部

平賀あまな・野口沢子「旧東宮御所（迎賓館赤坂離宮）の正面外観装飾の設計過程」（『日本建築学会計画系論文集』第81巻第726号、2016年8月、pp.1773-1782）

矢野賀一「東京帝室博物館 奉献美術館（重要文化財表慶館）造営の建築図面と建設過程」（『東京国立博物館紀要』第52号、2017年3月、pp.109-258）

『特別陳列 帝国奈良博物館の誕生：設計図と工事録にみる建設の経緯』奈良国立博物館編集・発行、2021年

『都市の記憶：横浜の近代建築（I）』横浜市歴史的資産調査会、1991年

『都市の記憶：横浜の近代建築（II）』横浜市歴史的資産調査会、1996年

Gabriele Morolli, *Le membra degli ornamenti : sussidiario illustrato degli ordini architettonici con un glossario dei principali termini classici e classicistici*, vocabolario a cura di Mimmarosa Barresi, Alinea, 1986.

Gabriele Morolli, *La lingua delle colonne*, Edifir, 2014.

初出一覧

第1部

1. シークエンスの中で読む古典主義建築のデザイン

菅野裕子「古典主義建築としてみる日本銀行本店本館」（辰野金吾没後100年特別展図録『辰野金吾と日本銀行：日本近代建築のパイオニア』日本銀行金融研究所貨幣博物館、2019年9月、pp. 48-50）ただし、本書では大幅に加筆、改稿している。

2. 序列のあるデザイン要素～5. 日本のマニエリスム

いずれも書き下ろし

インターミッション

五十嵐太郎「日本橋の建築装飾」（『月刊 日本橋』2021年1月号-12月号）

第2部

五十嵐太郎「擬洋風と開智学校 ユニークな建築スタイル」（『なごみ』2017年3月号）

五十嵐太郎「大仏様と空中都市 前衛か？伝統か？」（『なごみ』2017年2月号）

五十嵐太郎「数寄屋の意匠をポストモダンに取り込んだ直島町役場」（『なごみ』2017年1月号）、「東大寺・鐘楼の折衷主義」（『建築東京』2019年1月号）

五十嵐太郎「建築史とフィールドワーク：文献資料の外側にあるもの」（『都市／建築フィールドワーク・メソッド』LIXIL出版、2002年）

『水戸芸術館』（水戸市芸術振興財団、1999年）における五十嵐の解説文

第3部

『磯崎新の建築談義』（全12巻、六耀社）における五十嵐の発言部分

五十嵐太郎「歴史から現代建築の装飾を考える」（『美術フォーラム21』40号、2019年、pp. 121-126）

インターミッション、第2部、第3部はいずれも大幅に改稿している。

第4部

書き下ろし

執筆

第1部、第4部は菅野裕子、インターミッション、第2部、第3部は五十嵐太郎が担当した。

図版クレジット

本書で使用しているクレジット表記のない写真については、すべて五十嵐太郎、菅野裕子の撮影によるものである。

第4部のイラスト作図

周穎琦（しゅうえいき）　pp. 258-264、268-288

福嶋真純　p. 266

五十嵐太郎（いがらし・たろう）

1967年パリ生まれ。東北大学大学院工学研究科教授。博士（工学）。建築史・建築批評。1992年東京大学大学院修了。ヴェネツィア・ビエンナーレ国際建築展2008日本館コミッショナー、あいちトリエンナーレ2013芸術監督。「インポッシブル・アーキテクチャー」展、「Quand La Forme Parle」展、「WINDOWOLOGY」展などを監修・キュレーション。『モダニズム崩壊後の建築：1968年以降の転回と思想』（青土社、2018年）、『建築の東京』（みすず書房、2020年）、『現代建築宣言文集 [1960-2020]』（共編、彰国社、2022年）など著書多数。

菅野裕子（すげの・ゆうこ）

横浜生まれ。横浜国立大学大学院都市イノベーション研究院特別研究教員。博士（工学）。西洋建築史。1993年横浜国立大学大学院修了、2006-07年フィレンツェ大学建築学部客員研究員。著書に『建築と音楽』（共著、NTT出版、2008年）、『14歳からのケンチク学』（共著、彰国社、2015年）、『装飾をひもとく：日本橋の建築・再発見』（共著、青幻舎、2021年）、『横浜の名建築をめぐる旅』（共著、エクスナレッジ、2021年）ほか。

様式とかたちから建築を考える

発行日————2022年6月15日　初版第1刷

著者————五十嵐太郎、菅野裕子
発行者————下中美都
発行所————株式会社平凡社
　　　　　　〒101-0051 東京都千代田区神田神保町3-29
　　　　　　電話（03）3230-6585［編集］
　　　　　　　　（03）3230-6573［営業］
　　　　　　平凡社ホームページ https://www.heibonsha.co.jp/
編集協力————今井章博、髙尾美由紀
装丁・DTP————岡本健＋（岡本健、仙次織絵）
印刷————株式会社東京印書館
製本————大口製本印刷株式会社